プレゼンのレシピ

The Recipe for Presentation

仕事に差がつく!
欧米式プレゼンの
手順とテクニック

日本コミュニケーション学会理事
野中アンディ
Andy Nonaka

廣済堂出版

はじめに

近年、プレゼン（プレゼンテーション）は社会的注目を集めており、「上手いプレゼンをしたい」と願う人はたくさんいます。

特に国際ビジネスに携わるのであれば、プレゼンの良し悪しで業績が劇的に変わります。英語に自信があっても「プレゼンが苦手」という人もいます。

日本人は、お世辞でもプレゼンが上手とはいえません。にもかかわらず、社会に出るとプレゼンのやり方も教わらないまま、とにかく「やれ」と上司に言われてしまうのです。

そのため、なんとか自分で頑張ろうと本屋さんに行き、プレゼンに関する本を探します。でもその中身はというと、大多数がパワーポイントやキーノートといったプレゼンソフトの使い方の説明です。

はたして、それでプレゼンが上手くいった試しはあるでしょうか？　そのプレゼンの趣旨は、デジタルな工夫を駆使して、視覚的にインパクトを残すことなのでしょうか？

いいえ、違うはずです。そうでなければ、人間がプレゼンをする意味がありません。プレゼンソフトに依存するのは、プレゼンを「やっているふり」をしているといっても過言ではありません。

それは、基本を教わらずに料理を作るのに似ています。きちんと出汁《だし》をとることなく、また隠し味が何かも分からないのに、とりあえず食べられるものを、手っ取り早く、見た目だけで取り繕うようなものです。

それでは美味しい料理はできませんよね。あなたは自宅に大切なお客様を呼ぶときに、そんな料理でもてなすことはありますか?

もしそんなことをすれば、「夕食を振る舞うから」と大切なお客様を家に招待しておきながら、インスタントラーメンを出すようなものです。

でも悲しいかな、日本ではそんな手抜き料理のようなプレゼンが横行しています。そして、それを大切な顧客に見せているのです。

とりあえず、パワーポイントにセリフを書いたらそれを読めばいい。少しアニメーションなんかを加えて、データや文字もたくさん入れ込んで準備完了!……これでは、日本でしか通用しない我流のプレゼンからはいつまでたっても脱却できません。

実は、〝本当〟のプレゼンはパワーポイントなどを使わなくてもできるのですが、多くの人はそれに気づいていません。

いえ、パワーポイントなんて使わないのが本来のプレゼンの姿なのです。

パワーポイントなどは、もともと視覚的な補助として開発されたにすぎません。具体的に目で見るものがあれば理解が進む、といった程度のものなのです。

「百聞は一見にしかず」という諺《ことわざ》は確かにありますが、ただ見せるだけでは伝わりませんし、これは言葉の説明があって初めて成立する考え方です。

同様に、プレゼンは映像のナレーションではありません。十分な説明の補助として出てくるのが、先の諺の「一見」として登場する何かです。

それなのに、資料作成に手間をかけ、時間をかけ、準備ができたら満足だ、と考える人が日本には多いのです。そんなことでプレゼンが上手くいくはずがありません。

プレゼンで最も大切なのは「説得力ある言葉」です。

みなさんは普段から言葉に対して敏感になろうとする努力をしていますか？　言葉を巧

みに使えると「カッコいい」と思いませんか？

力強い言葉を、力強い展開とともに訴える人には信頼性が生まれます。この場合の力強い言葉とは、必ずしもこれまで聞いたことのないほど難しい語彙というわけではありません。

力強い言葉とは、幼稚さが少なく洗練された表現のことです。ほかの人とは一線を画す個性が感じられる言葉を指します。

本来、プレゼンに必要なのは、当然ながらこうした言葉の力なのです。


この本では、言葉で最大限の説得効果を得るプレゼン方法を紹介します。

また、ビジネスの最前線で働く社会人だけでなく、これから就職活動を控えた学生のみなさんにも必須の技術をお伝えします。

なぜなら、就職活動は自分を売る以外の何ものでもなく、いわば説得力あるプレゼンを行うことだからです。

自分が即戦力として使えることをアピールするためにプレゼンの習熟度を披露し、どんな業界であろうと通用することを見せつけるのです。

就職活動中であろうと、すでに社会人になっていようと、この本を読めばあなたのプレゼンは劇的に変わります。

いわば、極上のプレゼンを作るためのレシピです。全て日本語で書かれていますが、考え方は英語にしても通用します。

私はアメリカの大学と大学院でプレゼンの方法を学んだのですが、私が思うに、英語を習得するのは単語や発音を訓練するだけでなく、彼らの論理と文化の把握まで含める必要があります。

国際的に通じるプレゼンを身に着けるというのは、実はこうした論理と文化の習得に大きく関連するのです。

直訳した英単語を並べても、機能的な英語は使えません。まして母国語である日本語でできなければ、外国語で論理的展開などできるわけがありません。

これらの技術を身につけることで、自らを差別化して際立ったプレゼンをすることが可能になるのです。

プレゼン能力とコミュニケーション能力の高さは比例します。そして、それは仕事の成果に直結します。この本の後半部分ではその秘密にも触れます。

仕事でプレゼンを行う以上、いつまでも素人のプレゼンのままでいてはいけません。プロのプレゼンをいち早く手に入れましょう。

自分の発表する姿をイメージしながら何度も読み直すと、さらに効果的です。

CONTENTS 目次◉プレゼンのレシピ

Chapter 2 プレゼンレシピの紹介

Chapter 3

論理全開のコツ

Chapter 6

論理構築を何に訴えるか（アレンジいろいろ）

Chapter 7

日本式プレゼンから脱却するために

Chapter 1

プレゼン前の下ごしらえ

日本式の悪いプレゼン方法とは？

さて、これまでのプレゼンを改善するために、まずは日本で頻繁《ひんぱん》に見られる悪い例としてのプレゼン方法をあぶり出してみましょう。

見えてくるのは、資料頼りで言葉に乏しい話し方、そして論理的な欠落と盛り上がりに欠ける展開です。その結果、会場が盛り上がることもなく、ひどいときには観客が寝てしまうという事態もしばしば起こってしまいます。

こうしたプレゼンを抜本的に変えてくれるヒントは、言葉以外の要素（非言語コミュニケーション）に対する注意、磨きをかけた論理、そして表現という三点に集約されます。

◆ヒント1　非言語コミュニケーション

まずは「非言語」を考えてみましょう。非言語とは、言葉以外の全てのコミュニケーション要素を指します。つまり「どう振る舞うか」ということです。

あまり魅力的とはいえない我流のプレゼンをする人はたくさんいますが、魅力を感じさせない原因として、最初に挙げられるのはその話している姿です。

特に、スクリーンに書いてあるたくさんの文字をただ読んでいる人の話には、全く引きつけられません。

しかし、残念ながら日本にはこのスタイルが非常に多いといえます。

全てのセリフがスクリーン上に書いてあって、その人はただ音読しているだけ、というパターンです。

たまにそのセリフ以外に何か説明を付け加えることはあっても、ほとんどの情報はそこに書かれています。

そして聞いている人たちの顔を見ることがありません。これが最大の問題です。

本来、プレゼンの目的は「情報伝達」か「説得」です。

情報伝達とは、相手が知らないことを分かりやすく伝えることです。

一方、説得というのは相手の心になんらかの刺激を与え、考えに影響を生じさせ、行動を変えることを目的としています。

ビジネスにおけるプレゼンとは、顧客の購買意欲に影響を与え、実際に購入してもらうわけですので、間違いなく説得に該当します。

情報伝達であろうと説得であろうと、プレゼンの目的は「そこで聞いている人たちに訴える」という行動のはずですが、相手を見ないのであれば、聞く側は「自分に話しかけてくれている」という気持ちにはなりません。

例えば、味は抜群にいいのに接客が悪いせいで客数を減らす店があります。そうかと思えば、味は平均を少し上回るくらいだとしても、店主の人柄が良いおかげで客足が途絶えることがない店もあります。

プレゼンも人がやることですので、人間が話す利点を最大限に使う必要があります。この本で紹介するのは「味も抜群だし、人柄も良い」というタイプのプレゼンができるようになる方法です。

また、仮に聞く人の方向を見ているとしても、少し上を見たままの人がいます。次に言うセリフを思い出そうとしているのか、はたまた人の目を直視するのが苦手なのか。もしかしたらその方向にカンペでもあるのかと確認したくなります。せっかくですので、聞いてくれる人の目を見ましょう。

次に、無表情で動きがない人も多いですね。普段話すときにはもっと自然に動いているはずなのですが。

人間は人と話す際、必ず身振り手振りや顔の表情といった非言語コミュニケーションを使用しています。

研究によると、人間は言葉よりも非言語コミュニケーションを多く使っているといいます。

にもかかわらず、プレゼンになったら突然話し方が変わってしまいます。多くの人がこの部分に注意を払わずに、能面のような表情で、かつ直立不動で話しているのです。

文字が多い資料の場合には、スクリーンを見て片手にマイク、もう片方の手にレーザーポインターを持つことも多いでしょう。

そして、自分が読んでいる箇所を一所懸命グルグルと光で回している人をよく見かけませんか?

身振り手振りだけではありません。オフィスや街中で会話している人たちを見れば気づくと思いますが、みんな少しずつ前後左右に動きながら話しているものです。

同じように、プレゼンでも「動き」が必要です。なぜなら、プレゼンはコミュニケーシヨンそのものだからです。

「プレゼンはコミュニケーション」だというこの考え方が、日本では欠けているのです。

プレゼンの本質は「語りかける」行動であって、普段のコミュニケーションの延長線上にあることを忘れてはいけません。

プレゼンは確かに非日常の場ではありますが、その深層には「メッセージ交換のプロセス」というコミュニケーションの基本があります。

相手にメッセージを伝えたければ、また反応を知りたければ、しっかりと相手の目を見ましょう。そして、目の前にいる大勢の聴衆とのコミュニケーションを優先させましょう。

プレゼンは欧米から輸入したものです。にもかかわらず、「これが日本のやり方だ」またば「日本ではまだこんなやり方は必要ない」と、頑固なまでに欧米のやり方を取り入れないのは不自然に思えます。

そこには表情豊かに演奏するジャズピアニストと、無表情で演奏する雅楽ほどの違いがあります。

ただ、最近では雅楽とロックを組み合わせた音楽も現れてきました。躍動感のある雅楽には、新たな可能性があふれています。そこには見事なまでに一つとなった文化的融合があります。日本人が行うプレゼンにもこうした変化が求められているのです。

◆ヒント2　磨きをかけた論理

次に挙げるべき日本のプレゼンの欠点は、論理的な展開の欠落です。話がまとまっておらず、何を言いたいのか分からないプレゼンは聞いていて大変苦痛です。

資料を作成することだけに気を取られていると、このケースに陥ります。結果として、自己満足に終わってしまうパターンです。いえ、最終的にはプレゼンの成果が出ることもなく、不満足なものとなるでしょう。

「話をまとめる」というのは、聞く人の立場に立つということにほかなりません。相手の理解を優先させると、そこには論理的な展開が求められます。どんなに立派な資料を作ったとしても、この論理が欠けていたらプレゼンとしての価値はないといっても過言ではありません。

相手が分かりやすい話の展開を試みることこそが、プレゼンの準備なのです。

この「論理的な展開」はあなたのコミュニケーション能力を向上させる上で不可欠です。なぜなら、論理は無駄のない最短コースのコミュニケーションを可能にしてくれるからです。

その人の話を聞いていて、結局最後まで何を言いたいのか分からないのであれば、その人はコミュニケーション能力が高いとはいえません。

逆に、要点を抑えた話ができる人は高いコミュニケーション能力があると考えられます。そのことはプレゼンにも当てはまるのです。のちほど簡単に論理的な話ができる方法を紹介します。そして、プレゼンとコミュニケーション能力がどれだけ関連しているかも説明します。

◆ヒント3　表現

日本のプレゼンには言葉の工夫があまり見られません。

例えば、「ただいまご紹介に預かりました○○です。ご指名ですので、高いところからではございますが、僭越《せんえつ》ながら説明をさせていただきます」といったセリフをよく聞きます。これではただのありきたりな始め方になってしまいますので、もっと場を和《なご》ますような面白い始め方を考えると、聴衆の注意を引きつけることができます。

言葉遊びを含めることによって、プレゼンに余裕があるところを見せてください。観客に「うまい！」と思わせるひねりを入れてみましょう。

落語や大喜利、あるいは謎かけなど、日本が誇る言葉遊びはたくさんあります。ジョークは決してアメリカの専売特許ではありません。長年培われたせっかくの言葉遊びの伝統を、ぜひプレゼンに取り入れるようにしましょう。

ひねりを含めた言葉の使い方ができることは、大人のたしなみです。これがないと「つまらない」プレゼンになり、いつまでたっても素人の出来栄えとなってしまいます。

そのためにも、普段から言葉に注意を払うことが大切です。ユーモアのセンスがない人

に限って、誰かが言ったことに対して「つまらない」とか「全然面白くない」などと言いがちですが、そんな人たちは相手にする必要はありません。

プレゼンのときには、必ずジョークか芸術的な表現を入れることをお勧めします。なぜなら、そうした工夫が「よく練られたプレゼンだ」という感覚につながるからです。ウィットに富んだ、遊び心満載の言葉を聞けば、あなたがそのプレゼンにどれだけの愛着を持っているかが伝わります。

流行り言葉では決して伝わることのない、あなた自身と伝えたい内容の両方の好印象が形成されます。

欧米の「パブリックスピーキング」という伝統

こうした課題を克服できたとしたら、どうなるでしょうか。ちょっと想像してみてください。

プレゼン会場では、あなたはもうスクリーンを見ていません。その代わりに観客の顔を、いや正確には一人一人の目を見ています。

一箇所にとどまることなく、ステージ上を生き生きと動きます。数種類のジェスチャーも交えています。

それに合わせて観客の顔も左右に動きます。会場は生き生きとした一体感に包まれます。

あなたの話は要点が絞られ、まとまっています。観客はうなずきます。

話が分かりやすくまとめられ、観客が展開についてきてくれます。

そして会場からは、あなたが意図したところで笑いがあふれます。

——どうでしょうか。そんなダイナミックなプレゼンをする人があなたの周りにいますか?

そして、あなた自身がそんなプレゼンができるようになれば、どんなに素敵でしょう。

これこそみなさんが日頃から感じている「スティーブ・ジョブズ風」スピーチと、日本のスピーチとの違いではないでしょうか。


日本ではプレゼンの神様のように扱われているジョブズですが、実は彼の話し方は特別ではなく、基本中の基本を押さえたやり方です。

欧米ではこのやり方を子供の頃から叩き込まれます。

小学校一年生の最初の課題は「Show and Tell」というスピーチで、自分の宝物を実際にクラスに持ってきて、それについて話すというものです。

こうした訓練を学生時代に何度も行います。

なぜなら、欧米の社会には「大人であれば公で話ができないと一人前とはいえない」という考え方があるからです。

ハリウッド映画を見ていても、スピーチをする場面がたくさん出てきます。一方、日本の映画にはそんなシーンはほとんど見られません。

ここでも、人前で話をする「パブリックスピーキング」という考え方に文化的違いがあることがわかります。

ジョブズがプレゼンの神様のように扱われるのは、たまたま日本でプレゼンが注目され始めたときに、彼がメディアに取り上げられたからにすぎません。

もちろん、ジョブズのプレゼンは素晴らしく上手だとは思いますが、世界にはああいうスピーチをする人が無数にいます。

今が日本のスピーチを変えるときであり、まだ周りが気づいていない今だからこそ、あなたから変わってみましょう。

Chapter 2

プレゼンレシピの紹介

プレゼンを創る5つの手順

プレゼン作成の手順には基本があります。

これから紹介するのは、その基本に従うとプレゼンが簡単に作れるという魔法のようなレシピです。ぜひ早いうちに身につけてください。

この手順は、実は欧米で古くから使われている方法です。これまで数千年にわたる多くのスピーチの試行錯誤から生まれた財産です。その恩恵にあずかってみましょう。

プレゼンは古代ギリシャ時代から続く「コミュニケーション学」という学問の基礎となった分野、レトリックにさかのぼります。ちなみにレトリックは日本語で「修辞学」と訳されます。

その当時に活躍していた哲学者たち（例えばアリストテレスやソクラテスなど）は、人を説得するためのスピーチ、つまりプレゼンを研究していました。

その結果、いいスピーチをするには次の五つの段階を経ることが大事だと考えました。

① 構想

②配置
③修辞
④記憶
⑤実践

この五つの手順は、料理でいう「さしすせそ」のようなものです。まずは砂糖を入れて、塩を入れて……という調味料を入れるあの順番です。

アメリカなどでプレゼンをする際にも、みんな必ずこの五つの過程を経て原稿を作っているものです。

一方で、誰かが行うプレゼンを評価するときもここを見ています。つまり、これができていないと箸にも棒にもかからないという基本中の基本というわけです。

では、この五つのキーワードがなんなのか、じっくり見ていきましょう。

① 構想とは

上司から、新製品について来週プレゼンをするよう指示がありました。

いったいどんなことを話せばいいでしょうか？

考えられるのは、その新製品の特長についてです。

これまでの自社製品とどこが違うのか、また他社製品と何が違うのかについて、いくつか利点を考えてみましょう。

どんな性能が向上したのか、顧客にとって何が得なのか、何を知ってもらいたいのか、をまずは伝えることが大切です。

プレゼンで中心となるテーマの一つに焦点をしぼり、三つか四つの話題を出します。

そして、肝心なことは「それ以外話さない」ということです。


テーマをしぼるために、「ブレインストーミング」という手法を使います。

たまに「ブレスト」などと省略されて使われることもあり、グループディスカッションなどでしばしば使われることもありますので、聞いたことがある方もいるかもしれません。

ただ、文章作成の際にはそれを少しだけ発展させたものが用いられます。このやり方についてはのちほどじっくりと説明します。

日本語で書く小論文には、昔から「起承転結」なるものが基本だとされていました。ただ、これはプレゼンには使えません。ビジネスで話す内容の原稿を書くときには、この古い書き方は忘れてください。

なぜなら、起承転結の「転」は突然の話題の変化などを意味しますが、プレゼンには全く不要な考え方だからです。

先ほど述べた通り、自分の主張以外を話す必要はありません。

プレゼンは一貫性を持つ主張を第一に考えないといけません。今回のケースでいえば、その商品のいいところだけを話さないといけないのです。

また、自分の主張を提示する際に、反対意見などを持ち出す必要はありません。

②配置とは

話題がいくつか決まったら、それぞれどの順番で話すといいかを考えましょう。

たかが順番と思われがちですが、これが結構重要で、原因と結果の関係がある場合、順序が違うと話が通じにくくなります。

一見すると無関係な気がしても、それぞれの話題をよく考えると「しっくりくる」展開が見えてきます。

例えば、新車の発表会であれば、燃費向上、デザイン性、そして快適な居住性などが主張すべき話題として考えられます。一見すると、どの順番で話してもいいような気がするかもしれません。

でも、「居住性が生まれたからデザインが良くなった」というのはなんだか変な気がしますので、これは逆の順番のほうがいいでしょう。

もし、空力などを考慮したデザインが先行するのであれば、「その後燃費が良くなった」と考えると関係性としてすっきりします。

ということで、私だったら、①デザイン、②燃費、③居住性という順番で展開したくなります。

あくまで仮定の話ですので、当然違うパターンも考えられますし、そのときのプレゼンの攻め方によって順序が変わることも当然あります。

大切なのは、プレゼンというものは自分が話したいがまま話すのではなく、聞いている人が分かりやすい展開を常に考慮するということです。

③ 修辞とは

「修辞」って聞きなれない言葉かもしれませんね。

簡潔に説明するならば、修辞は「言葉に飾りつけをする」という意味です。

前章で、言葉遊びをすることについて触れましたが、この修辞がそれに当てはまります。

具体的には、聞いている人の心に残りやすいように「うまい表現をする」ということです。

ラップなどで韻《いん》を踏むといった手法がありますが、それもこの修辞の一つです。もっとも、ラップのような韻の踏み方はプレゼンには要求されませんが……。

ほかにも、比喩《ひゆ》や倒置、体言止めなど、中学校までに学ぶような表現方法などが全て修辞に含まれます。

プレゼンでは、話している人の信頼性を上げるために、バラエティあふれる表現を的確に使うことを意識してください。

何回も同じ表現ばかりが出てくるようでは、あまり知性を感じられないでしょうし、流行り言葉が満載のプレゼンは幼稚な印象を与えます。

豊富な商品知識があったとしても、その表現方法次第であなたの印象は変わってしまいます。

相手に「この人はこの分野で多くの勉強をしていそうだから信頼して大丈夫だ」と感じてもらえることは、ビジネスにおいては必要なことです。プレゼンはその信頼性を上げるチャンスなのです。

具体的には、①多様な語彙《ごい》、②洗練された表現、③適切な言い回し、が鍵となります。

特に①に関しては、「それさっきも聞いたよ」と相手に感じさせないことが大切です。

例えば、自然災害などを伝えるニュースでは現場にレポーターが急行します。

そして、現場で何が起こっているのかを報告するのですが、それを見ていていつも感じることがあります。

「はい、現場です。ご覧ください。崖が今にも崩れそうな状況です。川ももうすぐ氾濫しそうな状況です。こちらは大粒の雨が降り出して、さらなる警戒が必要な状況です」というように、全部「状況です」で終わっているのです。

日本語では、この「状況」とか「状態」、そして「現状」を多用しがちです。

ただ、これは文法の構造上、仕方のないところもあります。

なぜなら、日本語は名詞を前のほうから修飾するため、その後の述語のパターンが少なくなるからです。これは日本語の文が「です・ます」調で終わることに原因があります。

でも、これだけ同じ単語が使われると、語彙の少なさを披露するようなものです。

後ほど説明しますが、その背景には、断定を避ける日本の文化的特徴もあります。

実は、先の現場からのレポートの例でいうと、「な状況」という言葉を削除しても意味は完全に伝わります。もちろん「状況」という単語をたまに使うのは全く悪くありませんが、使いすぎるのが問題なのです。

さらに、現場から画面がスタジオに戻ると、次に気象予報士が言いがちなのが「今後も大気の不安定な状態が続きます」という表現です。これも「不安定な大気が続きます」と言い換えることができます。

「大気の不安定な状態」という表現にはなんらかの動きが含まれます。これは具体性が高い表現です。

一方、「不安定な大気」は具体的な動きというよりも、映像化されない言葉だけの理解、つまり抽象性の高い表現です。

この抽象度の高さが、②の洗練された表現と関連しています。言葉遊びの楽しさはこんなところにも見出せるのです。

表現を洗練させるということは最初は結構難しいのですが、やってみると案外簡単にできるうえ、自分の表現がぐっと大人っぽくなることに気づくでしょう。

では、ここで以下の表現を一緒に考えてみましょう。


【例1】

「こんなに頑張ったのは一番になりたかったからです」

これはよく使いがちな表現です。別に悪いところもなさそうですが、これを次のように変えるとどうでしょうか？

「この努力の背景には一番になりたいという強い願望がありました」

なんとなくかっこいい表現になりました。この〝なんとなく〟というところが抽象性を上げた結果なのです。

頑張った　↓　努力
～のは　↓　～の背景には
なりたかった　↓　願望があった

とそれぞれ変化させると少しプロっぽい表現になります。そして、抽象度の高い文章はあなたの信頼性を上げてくれます。

風が強くなって
きている状況です

もう一つ例を見てみましょう。

【例2】

「この機能が評価され、たくさんのお客様に買っていただいています」

これはプレゼンではよく聞く表現かもしれません。実際、致命的にレベルの低い文ではありませんが、このままでは少し幼さが感じられます。

それをこんな風に変えるとどうでしょうか？

「この機能が販売を飛躍的に押し上げています」

これなら上司も納得のプロのプレゼンになります。

具体的な表現というのは動きが見えますが、抽象度を上げると、目に見える動きというよりも言葉を通した概念レベルへの交換が可能となるのです。

これは人間が行うコミュニケーションの中でもより高度な技術であり、言葉を使った芸術なのです。

言葉を飾りつけるというのは、こうした知的好奇心をくすぐる遊びであり、大人の余裕です。

こんな遊び心があなたの個性となります。インパクトのある資料ではなく、インパクトのある「言葉」を武器とするのが本来のプレゼンなのです。

「表現や語彙を増やすにはどうしたらいいか」と学生に聞くと、「本をたくさん読む」と異口同音に答えます。

次に、「最近どんな本を読みましたか?」と聞くと、「最近は読んでいません」と答えます。

これは毎年繰り返される会話です。今は本を読まない人が多いのです。

本は確実に多くの語彙を与えてくれるのにもかかわらず、その機会を放棄するのは残念でなりません。だから皆さんがこの本を読んでくださっていることを心から感謝する次第です。

でも、誰もが本を読まないわけでもありませんし、誰もが学んでいないわけでもありません。

言葉を学ぶ方法はほかにもたくさんあります。

マンガのなかにも学ぶべき表現や描写は多く含まれていますし、テレビやインターネット、そして雑誌などの多様なメディアにも多様な言い回しが見られます。

人は何かしらの影響力を持っている人をお手本とします。彼らが使う表現のなかで、初めて聞く言い回しなどはメモしておくと便利です。

そして、そんなことを続けていると言葉に対する敏感さが養われます。この敏感さは自分の意識次第で加速します。

語彙が豊富ということは、プレゼンだけでなく普段の会話の際にもあなたの好感度アップに大きく貢献します。

ここで、私が実際に聞いた最近の日本のプレゼンで修正すべき表現をいくつか列挙しましょう。表の右側には推奨される表現を書いておきます。あくまでも例を挙げただけで、

プレゼンで使うべきでない言葉と言い換えの例

修正前		修正後
● 主観的な副詞 1. ありえない 2. すごい 3. すごく 4. めっちゃ 5. ガチで 6. 一応	▶	1. 考えにくい 2、3、4、5の全て 目を見張る、優れた 非常に、飛躍的に 6. 特に推奨無し
● 主観的な動詞 1. ～と思います。 2. ～だなと思います。 3. ～という感じがします。	▶	1. ～と思われます。 2. 1に同じ 3. ～のようです。
● 気をつけるべき語尾 1. ～みたいな 2. ～させていただきます。 3. ～になります。 4. ～じゃないですか。	▶	1. ～です。 2. ～いたします。 3. ～です。～ます。 4. 3に同じ。
● その他気をつけるべき単語 1. 状態です。 2. 状況です。 3. 普通に	▶	1と2のどちらも別の抽象名詞で言い換え可能。例えば「様子」だとか「模様」、「条件」など。または削除しても意味が通じる。 3. 不要

これで全てというわけではありません。

プレゼンでの修辞で、そのほかで注意すべきは、無駄な副詞は使わなくていいということです。

副詞というのは動詞や形容詞、そして副詞を修飾するものです。「走る」を「速く走る」という場合は、どのように走るかについて説明しているので「速く」は副詞です。

しかし、「すごく速く走る」という場合の「すごく」は、実際は必要のない言葉です。なぜなら、「速く」で十分素早さは伝わりますし、「すごく」自体が主観的な表現です。主観的な考えならば、ほかの人には当てはまらないかもしれません。

また、「めっちゃ」などというのは言語道断です。主観的ですし、何より洗練性に欠けます。これを大切なお客様の前で言うと、プロ意識に欠けることが簡単に伝わってしまいます。

「すごい」が口癖になっている人もいます。「なんか、すごい……」と言いながら、次に何を言うか考えているかのようです。ところが、最後まで聞いたところで大してすごくないこともよくあります。

「普通に」というのも無駄な副詞です。あるニュースのインタビューで、「大声が聞こえ

私は
めっちゃすごい
と思います

たんで窓を開けたら、お巡りさんが普通に犯人を追いかけて行ってたんで……」と聞いたことがありますが、そんな事態は全く普通の場面ではありません。

今の例にあった「〜なんで」を語尾に頻繁につける表現もよく耳にします。これも断定を避ける日本文化の特徴の一つといえるでしょう。

ただ、プレゼンでは「です」や「ます」で終えることも必要ですので、同じ表現は使い過ぎないように気をつけましょう。

さらに、「ありとなしで言えばありだと思います」というのも回りくどい表現です。一瞬、昆虫と果物の話か、と勘違いしそうなセリフですが、何か言い訳がましい後ろめたさに似たものを含んでいます。もっと断定的に言っていいでしょう。

こうした表現はすべての世代で、かつすべての場面で使えるわけではありません。いずれも自分世代のグループの中でカジュアルに使う言い回しです。そして、こうした表現をプレゼンで使い続ければ、表現者が軽い人物であるように映ってしまいます。

「〜じゃないですか」はプレゼンで聞くことはあまりないのですが、プレゼン後に行われる質疑応答でのやり取りで頻繁に聞かれる表現です。これは疑問文ではなく、相手がうなずくことを前提とした自分の意見の押し売りです。

ちなみに、日本では相手の話を聞くときに頻繁にうなずきますが、これは相手の話に同意しているのではなく、単にその話を聞いていることを示しているに過ぎません。

でも、どうやらこのうなずきがなければ落ち着けないという人が多いようです。

試しにうなずかなかったりすると、そのときには変な空気が流れます。

関連して、よく聞かれるのが「一応」です。非常に言い訳がましい響きがするのですが、これが癖になっている人が多くいるようです。

プレゼンは友人との会話ではありません。相手はあなたの業績を決める大切な人たちなのです。下手をすれば、その時の表現一つで仕事が減るかもしれません。

言葉には強い力があります。使い方一つであなたの印象は変わります。印象が変わると、相手の心に響く度合いも変わります。

また、プレゼンは高度な説得を必要とする場であるということも覚えておくべきです。そのためにも、相手が納得できるよう、あなたの信頼性を見せなければなりません。

その信頼性は磨かれた表現に見え隠れするということを理解し、言葉遣いを最大限に考慮した修辞を心がけてください。

④ 記憶とは

さて、プレゼンの最中にずっと原稿ばかり読む人を見てあなたはどう思うでしょうか。

もし、「特になんとも思わない」と感じたとしても無理はありません。だって日本ではそんなプレゼンばかりですから。

でも、原稿を全く見ない人のプレゼンを一度でも間近で見てしまうと、その考え方はガラリと変わるはずです。「よく準備してきたな」と感じることでしょう。

原稿を見ないプレゼンは、その機会に賭ける思いや気迫といった何かを感じるはずです。そしてその人がプロフェッショナルであることが伝わります。


プレゼンとは一種の芝居です。舞台です。そして、そこに立つあなたは役者です。いったいどんな役者が舞台で台本を読むでしょうか？

舞台俳優は本番に向けて一所懸命セリフを覚え、どのタイミングでどう振る舞い、何を言うかを何度も練習するはずです。全ては観客に見てもらうためです。

プレゼンもそうです。大勢の前で、一人で朗読してそれで終わり、ではないのです。

せっかく集まってくれた人たちに対して、自分のメッセージを伝え、理解してもらい、行動を変えてもらうのがプレゼンです。

観客に訴えかけるため、自分の話を聞いてくれる全員の目を見る（アイコンタクト）必要があります。原稿を見る暇などありません。

セリフは覚えてください。完璧に覚えてください。

プレゼン後に、「一応終わった」という〝形だけ〟の拍手をもらうのではなく、純粋な感銘から生じる拍手をもらえるよう、完全さを追求しましょう。

覚えるのはセリフだけではありません。どのタイミングで、どのジェスチャーを使うのかを鏡で見ながら練習します。

ジェスチャーには多様性が求められます。いつも同じではつまらないと感じられるからです。

ジェスチャーは本来無意識に使われるものですが、それを意識的にコントロールすることは可能です。

そのためには鏡を使った練習は、プレゼンの準備には欠かせません。なぜなら、そこに映ったあなたの姿をお客様は見ているからです。

ただ、その姿を人に見られるのは恥ずかしいですよね。私も練習する姿を人に見せることはありません。

私の場合、「練習しているところを見られるのは恥ずかしい」という理由も確かにありますが、私なりのプレゼンの美学みたいなものがあって、「人さまに見せられるのは完成してから」と考えているからでもあります。

裏を返せば、それだけ練習の重要性を感じているのだと考えています。

また、最後に時間も計りましょう。せっかくの優れたプレゼンも、時間をオーバーすると台無しです。

もしパワーポイントなどを使うのであれば、ページの移動のタイミングを随時確認しながらセリフと合わせましょう。

記憶とは、セリフを覚えるだけではなく精度を最大に高めた予行演習だと認識しましょう。

ここが資料作りで満足する人たちのプレゼンとの違いを生み出す秘訣です。

せっかく手塩にかけた原稿を、当日ただ読むのでは宝の持ち腐れです。

よく学生から「何パーセントくらい覚えればいいんですか」とやる気のない質問が出てきます。もちろん一〇〇パーセントのレベルまで暗記するようにしてください。

原稿を覚えるときには声を出します。経験上、黙読では練習にはなりません。原稿の最初の一言から覚えて、全て話し終えるところまで訓練します。

料理と同様、大切なお客様に披露する前に、見えないところで予行演習を十分にする必要があるのです。

原稿を全く見ないでも話せるようになることが大切です。何度も何度も練習してください。

練習するのは言葉だけではありません。聞く人を飽きさせないために、手の動かし方も、顔の表情も同様です。動画サイトなどを見て参考にし、練習の際も、鏡を見ながら確認することをお勧めします。

言葉もそうですが、非言語でも一つしかパターンがなければ、聞いている側からすると飽きてくるものです。

そこで、何種類かのジェスチャーを使えるように練習しましょう。これに関しては見て覚えるしかありません。鏡に映った自分を見ながら、自然に体が動くように練習しましょう。

二十分から三十分のプレゼンで考えるなら、私は最低三日、一時間のプレゼンなら四、五日前には原稿を完成させ、暗記と練習に充てます。

原稿を見るということは、準備ができておらず、そのプレゼンを重視していない、つまりプロフェッショナリズムに欠け、わざわざ見に来てくれるお客様をその程度にしかとらえていないことが伝わってしまいます。

だから私は覚えるのです。どのタイミングでスライドを変えるかも含め、時間も測ります。時間オーバーは絶対に許されません。時間を守れないということは、あなたの時間に対する感覚も疑われます。

パワーポイントのスライドショーのリハーサル機能はそのためにあるのです。

私は自身が行う研修のたびに聞くのですが、この機能を使ったことがないという人たちが驚くほど多いものです。

欧米のプレゼンでは、手のひら大のカードが一般的に使用されています。このカードをノートカード（またはインデックスカード）といいます。

このノートカードは日本ではあまり見かけないのですが、欧米では文具屋さんに必ず売っているものです。

なぜなら、西洋の大学などでは全ての専攻でプレゼン（実際には「パブリックスピーキング」などと呼ばれます）が必須授業となっているからです。

大きさとしてはA7サイズの紙（A4を三回折ったもの）と考えてください。

これを数枚使い、大まかな流れや細かな数字を記入して手に持っておくのはルール違反ではありません。

ノートカードの代わりにスマートフォンを用いることもあります。

この際、あくまでノートカードとして使うわけですので、そこに原稿全文を書くべきではありません。

アウトラインなどの限定的な情報を書き、頼り過ぎないようにしないと、話している側がスマートには見えないものです。

⑤ 実践とは

いよいよプレゼン当日です。

あなたは朝から緊張しているかもしれません。でも、しっかり準備していたら大丈夫です。

充分な準備は自信につながります。そして、その自信は信頼性となって相手に伝わります。

さあ、本番が始まります。

予行演習通りにプレゼンを進めるのですが、実際にはいつもとは違うことも起こるかもしれません。

いつも以上に手が震えることもありますし、どれだけ練習していても、セリフを忘れることもあるかもしれません。

万一、セリフを忘れてボロボロなプレゼンになるよりは、最低限一定の形になるほうがマシですので、ノートカードは必要に応じてめくってください。間違えるよりはこのほうがいいのです。

また、お気づきの方も多いでしょうが、アメリカの大統領などが演説をする際は、1メートルほど離れたところにグレーなどの半透明なパネルがあります。

これは本人にだけ見えるようセリフが投影されている「テレプロンプター」と呼ばれる装置で、それを見ていても、その向こう側にいる人たちの目を見ているかのように思わせる道具です。

当然それが使われる背景にはアイコンタクトの重要性があるのですが、これを多用するのは実は信頼性の低下につながります。

バラク・オバマはスピーチが上手だと評判でしたがテレプロンプターを使いすぎるため、任期後半では大統領就任当初ほど高い評価を得なくなってしまいました。

もし余裕があるならば観客席最前列、またはそれよりも前に大きめのモニターを準備し、セリフを映し出すこともできます。しかし、そうした機器を利用するとしても、やはりセリフは完全に覚えておくべきです。

プレゼンで必要な動作はアイコンタクトだけではありません。可能な限り体に動きを加えてください。

日本のプレゼンに見られるのは、一箇所に立ったまま動かない、活気のない姿です。できることなら右に左に、そして前後にも動いてください。

普段よりも手の動きを多めにし、目を大きく開きます。なぜなら、あなたは役者だからです。

これをプレゼンでやっていないのは日本人だけです。グローバル化が声高に叫ばれている今、日本でしか通用しないプレゼンをしてもあなたはこの小さな島からは出て行けませんし、いつまでたっても際立ったプレゼンをすることはできません。

ここでおさらいをしましょう。

プレゼンの準備とは資料作成ではなく、①構想、②配置、③修辞、④記憶、⑤実践です。あなたのプレゼンの準備には、ここに挙げた五つの基本が必要です。一つでも欠けるとプレゼンの価値が格段に下がります。

特に③の修辞が腕の見せどころであり、これがプレゼンの出来を大きく左右します。言葉を磨くこと、常に相手が分かりやすいよう「なるほど」と思わせる言葉を選ぶことがあなたのプレゼンを美しく変化させ、それがプレゼンの上手さを決定する最も大きな要因であることを覚えておきましょう。

Chapter 3

論理全開のコツ

効果的なブレインストーミング

さて、前章のプレゼンの基本の中で、①の構想で出てきたブレインストーミングについてお話ししましょう。

これはびっくりするほど効果的な手法ですのでぜひ試してください。

英語では「Brainstorming」とつづります。直訳すると「脳嵐」です。脳がたくさん降ってくるのではなくて、脳の中でアイディアを嵐のように降らせるということです。降らせたアイディアは忘れないように紙に書き出します。そのときにブレが生じないように、紙の真ん中にテーマを書いて丸で囲んでおきましょう。

そして、その周りに関連する単語を書き出しましょう。

このとき大事なのは、可能な限り一語の「名詞で書く」ということです。動きや程度なども名詞にしましょう。

例えば、新製品の特徴として「使いやすい」とか「かっこいい」などという言葉が挙がるかもしれません。しかし、このまま使ったのではあまりスマートではありません。

そこで、これを全て名詞にするのです。また、そうすることが修辞につながります。

例に挙げた「使いやすい」を「操作性」、「かっこいい」を「外観」または「機能美」など、名詞に変えることができれば文章が簡潔になり、かつ抽象レベルが上がります。以下に具体例を紹介しますので、参照しながら読んでください。なるべく名詞で、かつ抽象的に書き出しましょう。

次に大切なポイントですが、いくつか単語を出しているうちに、それぞれになんらかの関連性があることに気づくはずです。それに気づいたら、グループに分けながら書きましょう。

ここで大切なのは、利点についてのみ語るということです。欠点は出す必要はありません。いえ、出してはいけません。なぜなら、あなたのプレゼンを最大に強化するために、いいところだけに焦点を当て、グイグイと主張を全面的に押し出すべきだからです。

ここまではグループディスカッションで行うブレインストーミングと同じやり方ですね。でも、ここからが違います。いくつかのグループ（今回は三つ）に分けたならば、そのグループに名前をつけましょう。それぞれの単語を結びつけるカギとなる名前です。これも名詞にします。

今回の例では、「独創性」「機能性」「付加価値」の三つにしました。この三つこそ、最終的にプレゼンの中で言おうとしていたことです。

一言でいえば、新しい製品についてあなたが感じている利点は、「独創的で、機能的で、なんらかの価値がある」ということだったのです。

このように、ブレインストーミングの優れているところは、単語を嵐のように降らせるだけでいつの間にか段落ができあがっている、という点です。

それぞれがテーマに分かれていて、ネタはすでに単語として出ていますので、それに枝葉をつけるだけでいいのです。

そして、意味としてまとまった話になっているため、聞いている人がついていきやすい展開の話となります。

さて、前章のプレゼンの基本、第二番目の項目を思い出してください。そう、配置です。

ブレインストーミングの例

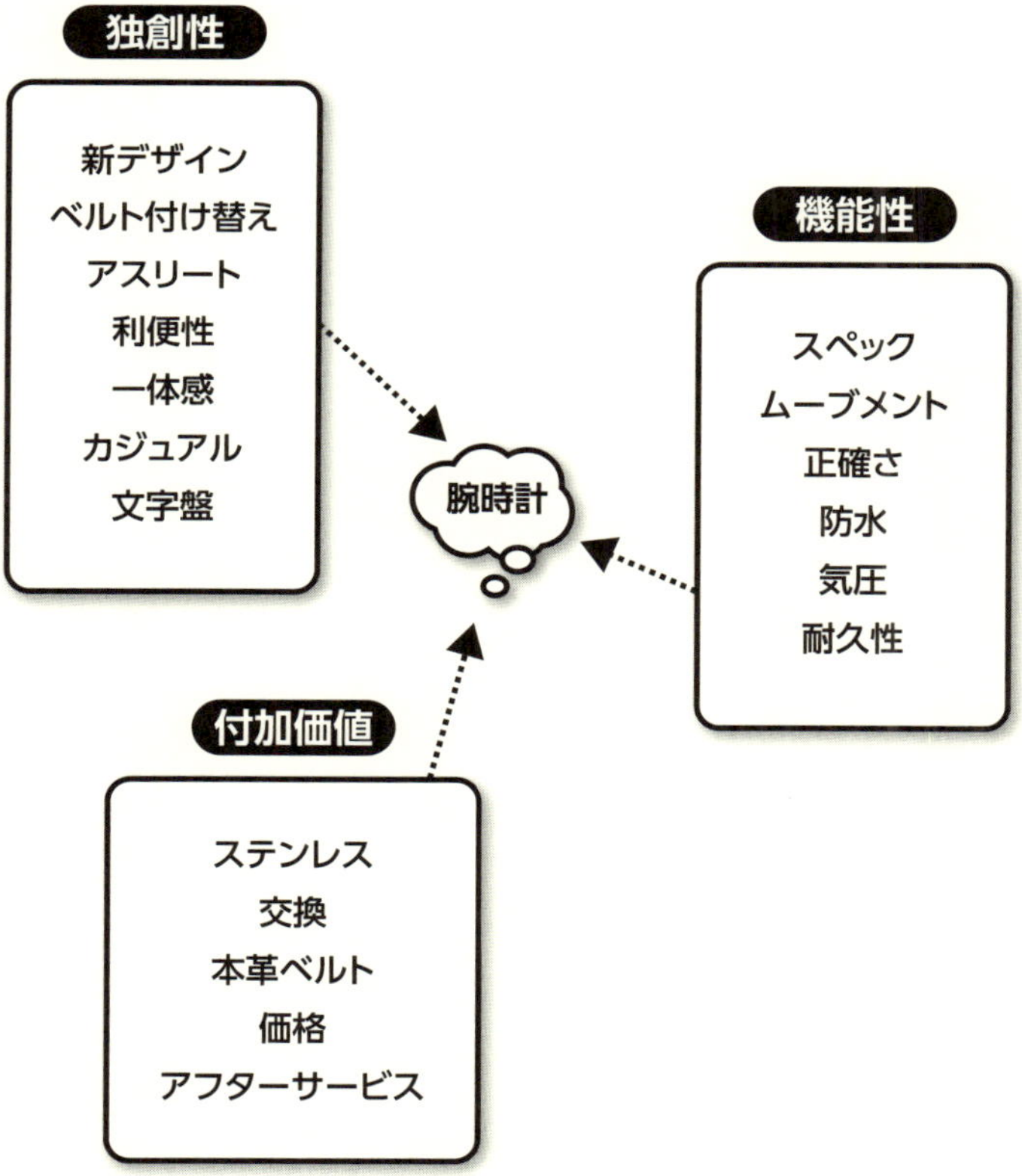

先ほどのブレインストーミングで明らかになった三つのグループをどの順番で話すかが、この配置に当てはまります。

話の展開には順序があるはずです。原因と結果のような関係があればそれに応じて展開すべきですが、必ずしも毎回そうした関係があるわけではありません。

その場合には、話題の重要度などを考え、一番言うべきことから言いましょう。

話すべき順番は自分次第ですので、今回は便宜上、独創性、機能性、付加価値の順で話を進めることとします。

先ほどから何度となく登場してきている「論理」というキーワードですが、ここで一度定義を明らかにしておきましょう。

広辞苑によると、論理とは、

「思考の形式、法則。または思考の法則的なつながり」

と説明されています。つまり物事には順序があり、説得力ある話の展開には不可欠な要素なのです。

Brainstorming

順序がめちゃくちゃでは論理的ではありません。

また、この定義には思考も含まれます。どういう順序で考えるかということも論理的に考えると、つまりこうなります。


頭で考え、言葉に出し、それをまた頭で考える一連の活動

まさに、これこそがプレゼンの姿です。

なぜなら、プレゼンとは相手とのメッセージ交換のプロセス、つまりコミュニケーションだからです。

相手に話を理解してもらう際には、言葉を通して順序立てた展開が必要となります。

論理はプレゼンの中ではパンチが効いたスパイスであり、味を調える決め手となります。

優れた作品を作るための必須アイテムなのです。


相手が分かりやすい話とは、最初からゴールが明確である展開です。サスペンス小説や手品などは最後まで分からないのが売りですが、プレゼンにはそんなドキドキは必要ありません。

そこで、プレゼンのゴールポイントを最初に言葉で提示すると親切です。厳密にいうなら、今回の話の要点を最初にまとめて紹介することがポイントになります。

この要点を見つけることは実は簡単です。ブレインストーミングで導き出した、いくつかある自分の主張のタイトルがそれなのです。頭の中でごちゃごちゃと考えていても、結局のところ自分が言いたいことはその数個にしぼられたタイトルに凝縮されていたのです。

そこで、論理的な話の進め方を考えないといけません。でも、その基本は実にシンプルなものです。

論理的構成の基本形

まず、以下の文章構造モデル、表1を見てください。これはプレゼンを聞いている人たちが話についてくるのに必要な、いわば雛形です。

相手に「上手い！」と思わせるプレゼンをするためには、この型に沿って話すことが不可欠です。そして、これは書くときにも非常に効果的な型ですのでしっかりと身につけ、

表１　文章構造の型

導入
プレゼンの掴みの部分。今回のプレゼンをなぜ行っているか、どれだけ価値があるかを述べる。この段落は必ず「主題文」で終えることが大切。

▼

本体
明確な段落に分ける。段落の数はブレインストーミングで出てきたグループに対応する。各段落は「話題文」で始め、その後に続く文章はブレインストーミングで得られた単語を使うだけ。 　段落同士のスムーズな移り変わりを忘れずに。

▼

結論
これまで述べたことのまとめ。同じ内容を違う表現で言うことが大切。この段落には新しい考えを絶対に入れないこと。

報告書や起案書などにもぜひ活用してください。

コミュニケーション学同様、論理学も二〇〇〇年以上の歴史がありますが、現代でも実際に広く使われている手法であり、欧米ではこのやり方に合わないと評価の対象にすらなりません。

先にも述べたように、起承転結などの日本式展開は通用しません。これから紹介する構造が世界基準だと思ってください。

その代わり、一度知ってしまえば、ほかの人たちが真似できない、聴衆の注目を一身に浴びるようなプレゼンができます。

同時に、基本を知っている人は、ほかの人のプレゼンを聞いていてもその構成に着目します。

これから一つ一つ詳しく説明しますので、基本をしっかり押さえましょう。

① 導入

「導入」部分は聞いている人の注意を引くための最も重要な部分です。相手が身を乗り出すようにこちらの話を聞いてもらえないといけません。

そのためにはどうすればいいでしょうか?

まずは相手の興味を鷲掴《わしづか》みにしましょう。いわゆる「キャッチー(catchy)」な始め方です。

そのいい例として「疑問文で始める」というやり方があります。相手に思わず何かを考える準備をさせるのです。

ただ、そんじょそこらの単なる疑問では、相手は大して話に興味を持たないでしょう。例えば、「みなさん、ちゃんと歯磨きをしていますか?」などと聞いても聞き流されるに決まっています。考えるまでもなく、当たりまえの答えが出てくるからです。

しかし、こうしたらどうでしょう?

「みなさんはこれまで自分の常識を疑ったことはありませんか?」

一瞬なんだかよく意味が分かりませんね。

この始め方は、相手の心にモヤモヤとした認知的不協和音を作り出します。

このモヤモヤで相手は考え始めるのです。この始め方だと、当たり前だと考えていたことが実はそうでもなかったりする、という話題で使えるのです。

例えば、この始め方はこれまでのライフスタイルを一新させるような商品を開発した際などに使いたくなるフレーズです。

また、生活習慣を変えるための広報などでも使えます。その後、いくつかの文章を使って段落に仕上げます。

この導入の段落には、もう一つ非常に大切な要素があります。それが「主題文（Thesis Statement）」というものです。

主題文は〝プレゼンの命〟といっても過言ではありません。

これがあれば、あなたが何を言いたいのかが一目瞭然という魔法のような文です。ですから、確実にやり方を身につけてください。

ところで、先ほどの腕時計の新作発表プレゼンのために行ったブレインストーミングの結果、見つかった「今回の言いたいこと」とはなんだったでしょうか？

それは「独創性、機能性、そして付加価値」の三つでした。あれこれ考えても結局この三つに言いたいことが集約されるのです。

では、これをもったいぶることなく最初に言いましょう。そのほうが聞いている人からすると話についていきやすいのです。

これが論理的な話し方の第一歩です。

最近、就職活動を控えた大学生が準備する履歴書の指南書などにも「最初に言いたいことを書く」と大きく書いてあります。

そして、彼らはそれに従い、「私の特技は○○です」と一言書いてから、あとはダラダラと説明が続きます。結果的にどれも同じで個性の出しようがありません。

それはプレゼンにも当てはまります。

言葉で個性を出す方法はいくつかやり方がありますので、ご紹介しましょう。

一番オーソドックスな方法は、「今回はこの製品の独創性と機能性、そして付加価値についてお話しします」でしょう。

これだけでも十分に分かりやすい進め方ではあります。

しかし、ひねりがありません。いえ、修辞に欠けているといったほうがみなさんにはもう理解しやすいかもしれませんね。もっと言葉遊びを楽しみましょう。

こんなのはどうでしょう?

「我々の独創性の追求の結果得られたこの製品の機能性は、特別なサービスにつながって

今日は〇〇〇について話します

います。」

これで独創性を作り出すためにどれだけ努力したか、そして奇抜なだけでなく機能性も加わり、それが新しい価値となったことが分かります。

実は、英語のプレゼンではこうした修辞がふんだんに使われています。

仮に英語のプレゼンが翻訳されていたとしても、日本語への訳では表現が厳密に反映されていないこともありますので、それが日本のプレゼンを成熟させられない原因ともなっています。

ここにはブレインストーミングで得られた三つのキーワードも含まれています。そして、それをうまくつなげることで言葉に深みが出てくるわけです。

表現の組み合わせだけのようですが、これがあなたのプレゼンを際立たせてくれるのです。

ほかのみんなと同じであれば、あなただけが持つ人間的な魅力は最低限しか伝わりません。

ここがほかの人から一目置かれるプレゼンとなる秘訣の一つです。

言葉の力を最大限に押し出しましょう。

ところで、段落というのは一つの文ではできあがりません。必ず複数の文章によって構成されますので、それぞれの文でこうした修辞を心がけてください。

先ほどのキャッチーな文で始めたら、あとは主題文に向かって文章を作ります。主題文が導入の段落の軸となるようデザインしましょう。

こうした努力なしでは聴衆は引きつけられません。引きつけられなければ、しっかりと話を聞いてもらうことはできません。

主題文はプレゼンを序盤で一度まとめる役割があります。

今回の例でいえば、腕時計の魅力を、必要性を、そして購入する意味を伝えるため、腕時計を取り巻く環境、傾向などを並べ、一言でいうなら「買ったほうがいいですよ」ということを婉曲的に説明する役割を果たします。

②本体

「本体」にも押さえるべきいくつかのルールがありますので、ぜひ早いうちに慣れてください。

本体はプレゼンの一番大切な中身を詳しく述べる箇所です。ですから、可能な限り分かりやすく展開する必要があります。

まず、ブレインストーミングで三つの論点が得られましたので、これを分けて説明する必要があります。

どこからどこまでが一つの話題なのかを伝えましょう。

そのために、「まず」とか「第一に」などを使い、「ここから新しい話題が始まりますよ」という合図を送ります。

そしてその語の後に持ってくるのは、やはりブレインストーミングで抽出した論点で、主題文の最初に登場するキーワードです。

今回の腕時計のプレゼンでいえば独創性がそれに該当します。これを段落の最初に言ってあげましょう。

例えば、「まずこの製品の独創性について説明します」という感じです。

実際これで悪くはありませんし、こんなセリフを聞いたことがある方も多いでしょう。

しかし、これも修辞に注意を払えば別の表現が作れそうです。

こんなのはいかがでしょうか？

「まず、この圧倒的存在感を見せつける、独創性に満ちたデザインからお話ししましょう」

これを「話題文（Topic Sentence）」と呼びます。これはこの後に続く段落の内容の予告のような働きをします。

あとはこの話題文、つまり主張をサポートする文章を続ければいいのです。

そのネタは全てブレインストーミングのときに紙に書き出されています。67ページに示した「新デザイン、ベルト付け替え、アスリート」等の単語に枝葉をつけるだけで、文章はどんどんできていきます。

これこそがブレインストーミングの本来の機能です。

つまり、ブレインストーミングとは原稿を作る際のデッサンのような役割をしており、話の枠組みと詳細なアイディアを提示してくれる魔法のようなプロセスなのです。

意味が同じグループの中にあるどの単語を使って文章を作ろうと、独創性というキーワードから外れることはありません。

あとは表現を思いっきり駆使して、自分らしさと芸術性を最大限に用いた言葉を操りましょう。

映画の字幕にはそんな芸術的表現がたくさんあるような気がしませんか?

翻訳家が忠実に訳せば訳すほど、元々の言葉には豊かな表現が散りばめられていることが分かります。

欧米では、普段の生活の中で論理と修辞と芸術を重視しています。そして、欧米のプレゼンにはそれが反映されているのです。

日本語を話す我々にでも、それを実践することは可能です。

ただ、そのためには日々の訓練が必要です。ぜひ、毎日の生活の中で言葉に対して敏感になり、言葉のセンスを磨きましょう。

この多様な表現に満ちた文章は話題文に限りません。その後に続く全ての文章で思う存分発揮してください。

ブレインストーミングで出したアイディアを全部使ったら、その段落は終わりです。次の段落に進みましょう。

新しい段落に移行する際も、明確な区切りを相手に伝える必要があります。先ほどと一貫性を持たせるならば、「次に」とか「第二番目に」などという表現で始めましょう。聴衆の理解を促すにはスムーズな移り変わりが不可欠です。

例えば、「次にお伝えするこの時計の機能性は、他社のいずれの製品にも見られない特徴を兼ね備えています」などという言い方はどうでしょう。

この後、機能性について先ほどの要領でどんどん書き進めます。

ここで文章を書く際のヒントをお伝えしましょう。

先ほど論理について触れました。

現在の日本のビジネスでは、論理的思考やロジカルシンキングが大流行しているのは周知の通りです。

反対にいえば、それはいかに日本語を話す我々が現在まで論理に注意を払っていなかったかを意味しています。

しかし、論理を全面的に出さない日本的コミュニケーションは、日本の文化を考えると必然的でした。

なぜかというと、日本では人と話すとき、つまりコミュニケーションを行う際、最も大きな関心事は論理的な話の進め方ではなく、人間関係の保持だからです。言葉をたくさん使わなくても、最低限のことを言うだけで相手に分かってもらおうとする、そして相手も理解しようと努力することが期待される文化なのです。

例えば、「この人に対してこんなことを言うと角が立つかもしれないから」などという理由で、コミュニケーションの中で言葉を全面的に押し出すことを避けています。これは人間関係や雰囲気の維持を重視する日本の文化的特徴なのだから仕方ありません。

日本では、言葉を使う際に注目すべき点は、「相手から見たら自分がどう見えるか」とか「自分にとって相手が誰なのか」ということになります。

相手の企業名に「さん」をつける、また身内のことを呼び捨てにする、などといった表面的な人間関係の保持のみならず、婉曲《えんきょく》的な表現（例えば「～させていただきます」など）を使うことに多くの注意を払うことが要求される社会なのです。

つまり、「誰がどのように」話すかが重要視されるのが日本語の特徴といえます。

日本はこうした背景から、言葉の力を全面に出すコミュニケーションを行ってきませんでした。

そんな中、プレゼンが突如として欧米から紹介されたのですから、言葉の独創性などを

人間
関係
論理

あまり重視しなかった日本式ガラパゴス的プレゼンができても仕方がありません。

もしかしたら、「文化に合わせたプレゼンをするから言葉よりも資料を使うんだ」と主張する方もいるかもしれません。しかし、それはこれからの時代では言い訳に過ぎません。コミュニケーション能力、プレゼンテーション、グローバル化などといったキーワードが象徴するのは、自分の文化の殻を破り、他（多）文化の人々と力強く言葉で勝負することです。

当然のことながら、日本だけでしか通用しないことをやり続けていては、国際ビジネスでは通用しません。

プレゼンに説得力ある言葉の力を応用し、そこに「何をどのように」話すかという考えを取り入れることで、メッセージ主体の論理的展開が可能となります。

したがって、プレゼンでの表現を考える際、人間関係の保持ではなく、強いメッセージを用いる意識を養うことが重要です。

日本人がこれを苦手としている最大の理由が、言葉を使ったプレゼンを訓練してこなかったことにあります。

今こそ、資料ではなく言葉を駆使したプレゼンを訓練することは、ライバルと差別化を図るチャンスなのです。

論理と修辞をプレゼンに取り入れる価値はここにあります。これを本体の箇所で存分に発揮しましょう。

そして、これを三番目のサービスについて話す段落でも同じように行います。

結果として、本体はテーマによって明確に区別された主張ができあがります。それぞれ段落は話題文で予告をしますから、聴衆はこれから何の話があるのかを頭の片隅に置きながら聴くことになります。

それぞれの段落は全てが同じテーマを基に話が展開されますので一貫性がありますし、次のテーマへの移行もスムーズです。本体にはこうした構造が求められます。

最後に、意外と大切なのが、文章を客観的に書くということです。

客観は主観の対極的な見方です。主観的な書き方だと読んでいる人には当てはまらない、その人だけの考えだという印象を与えてしまいます。

可能な限り多くの人を説得するためには、この客観性は必須です。

「私は」で始まり「思います」などで終わる文章は客観的な展開とはいえません。

また、以前出てきた抽象名詞で話を進めることも客観的な展開には欠かせません。これが文章レベルをグッと上げるコツです。

③ 結論

さあ、プレゼンの締めくくりです。

「結論」では自分の主張の強化を狙います。最大のポイントは「同じ内容を違う表現で話す」ということです。

単純なことですが、同じ表現ばかりを使うと「しつこい」とか「飽き飽きする」といった印象を持たれます。

でも、これまで使ってきた語句、例えば「独創性」を「オリジナリティ」や「自分らしさ」、あるいは「個性」などと言い換え、「機能性」を「便利な」「簡単な操作」などと言い換えることはそう難しくありません。

これまで言ってきたことを違う角度で繰り返すことにより、聴衆の心にしっかりと自分の考えを植えつけ、かつあなたのプレゼンのプロ意識を印象に残すことができるのです。

結論で絶対に守っていただきたいルールは、「新しいアイディアをその段落に入れない」ということです。

聴衆はそのプレゼンを聞き終える準備ができています。心の中では、プレゼンのクライマックスで拍手をする準備すらしているかもしれません。

そこへ新しい情報が入ってきてしまうと、聴衆からすれば拍子抜けですね。本体をメインとして情報提供をしないとプレゼンの締まりがなくなり、「まだ続くのかぁ……」という否定的感情を生み出してしまいます。

また、それに関連して、「あ、最後にあと一つだけ」と言って、終了する寸前に話題を持ち出すケースは最悪です。

その人がいかに準備をせずに思いつきでプレゼンしているかを露呈します。しかも、得てしてそんな話に限って長くなるものです。

聞いている人たちが一貫性を感じ、論理を理解することで、コミュニケーションは前進します。

反対に、話の方向が定まらないと、話し手の信頼性の低下につながります。

ですから、最初から最後まで直線的で一貫性を持たせた話を心がけましょう。


この一貫した論理が、国際ビジネスでのプレゼンには特に求められます。

話し方によるその人の信頼性が、プレゼンの完成度に関係しているのです。そして、これが世界基準なのです。


国際ビジネスのプレゼンといえば「まず英語」と考えられるかもしれませんが、英語だけ羅列してもプレゼンはうまくいきません。

論理的展開ができて、初めて英語でのプレゼンになるのです。

英語でプレゼンをする前に、まず母国語でしっかりと論理展開の練習をしましょう。

客観的、論理的で説得力のあるプレゼンは、新たな契約へと必ず結びつきます。

なぜなら、海外では日本よりもはるかにプレゼンの完成度を重視しているからです。

プレゼンテーション原稿の例

では、ここまでのレシピで作られたプレゼン原稿の例をいくつかご紹介しましょう。

まずは、これまで例に出てきた腕時計の新作発表会の原稿です。背後にある大きなスクリーンに、キラキラ光る時計の映像が映し出されるのを想像しながら読んでください。

次は、防犯製品紹介のプレゼンです。この場合はスクリーンを見せるのではなく、実際に商品を横において説明することを想定しています。

三つめは、高級感を全面的に出した家具の発表会での原稿です。それぞれの原稿で主題文、話題文がどのように表されているか、また細部にわたる表現で参考になるものがあるか、などを探しながら読んでいただけると幸いです。

さらに、就職活動を控えた学生さんのために、二つほど原稿例を載せておきます。一つめは国際性をアピールするプレゼンで、輸出入に携わる企業などには効果的です。最後は業界に特化したプレゼンとして航空業界、特にキャビンアテンダント（CA）向けの原稿例を掲載します。

どちらもその業界に魅了され、なんとしてもそこで働きたいということをアピールして、他の候補者と差別化を図る内容にしています。

特に、文章の構造をぜひ参考にしてください。

言い訳がましく聞こえるかもしれませんが、これから読まれるプレゼン原稿は全て私が勝手に作った完全オリジナルの原稿であって、その業界や専門の方が読んだら細かな部分でいくつか間違いがあるかもしれません。その場合はご了承ください。

腕時計の原稿ではブレインストーミングを67ページに掲載していますので、「原稿その2」以降はブレインストーミングの内容も一緒に掲載しています。

プレゼン原稿の例：その1 「腕時計の新作発表会」

あなたの身近で大切な存在を三つ挙げるとしたら何がありますか？ 家族でしょうか？ 恋人でしょうか？ でも、物理的な近さでいえば、時計もきっとその一つに数えられることでしょう。

時計は時間を教えてくれる以外にもさまざまな役割があります。あなたが口を開かずとも、時計はあなたの人となりを語ることすらあるかもしれません。ほかの人は意外とあなたがどんな時計をつけているかを見ているものです。表には出さなくても、勝手に人としての格付けすらされているかもしれません。

この度、弊社がご紹介いたしますこのニューモデルはきっと腕時計の概念を大きく変えることでしょう。なぜなら、我々の独創性の追求の結果得られたこの製品の機能性は、特別なサービスへとつながっているからです。

まず、この圧倒的存在感を見せつける独創性に満ちたデザインからお話ししましょう。

今回は新しいデザイナーである○○○を迎え、斬新な文字盤のデザインを開発いたしました。この独特なアシンメトリーで精かんな顔つきは、他の時計には決して真似できません。

この新しいデザインはベルトも例外ではなく、付け替えのパターンは二十種類に及びます。ベルトの素材も非常に軽くできているため、体を激しく動かすアスリートにも使っていただけるものとなります。また、常識にとらわれない形でありながら落ち着きも同時に兼ね備えるため、大人の時計としてさまざまなファッションに一体感を与えます。カジュアルなシーンでも、またフォーマルな場でもあなたを引き立てる必須アイテムです。

次にお伝えするこの時計の機能性は、他社のいずれの製品にも見られない特徴を兼ね備えています。一見すると、伝統的なフライバッククロノグラフを搭載したデザインです。

しかしムーブメントは自動巻きでありながら、電波時計ですので日付などはデジタルも対応しています。二十気圧防水で、耐久性はこれまであった同じタイプの時計よりもはるかに向上しており、風防はほんのわずか曲面を持たせたサファイアクリスタルです。そのためキズに強く、あらゆる意味において「故障」という二文字を忘れさせます。

最後に、この製品のサービスについて触れましょう。私どもは他に類を見ないサービスを提供いたします。通常五年ほどで行うオーバーホールは、購入後も生涯サービスにいたします。オーバーホールを定期的に行うことで腕時計は長持ちをするのが常識ですが、これは我が社の自信の表れだと捉えていただけますと幸いです。これはベルトを本革性にした場合でも同じです。万一、革が劣化するなどした場合も無料で交換いたします。

すべてを刷新した我が社のニューモデル、○○○を身に着けた瞬間から、すでに特別なあなたは新たな個性を手に入れます。注目を集める斬新なデザインを持ち、長く信頼できる相棒に出会えるはずです。この製品の付加価値はそのままあなたの付加価値となります。ビジネスの必須アイテムであるこの時計を武器に、新しいあなたでこの夏は勝負してみませんか。

プレゼン原稿の例：その2 「防犯製品紹介イベント」

新聞紙面で毎日のように見る空き巣や窃盗事件ですが、警察の努力や防犯サービスの発展にもかかわらず、増加の一途をたどっています。本日、これだけのみなさんがいらっしゃっていますので、この話を聞いている方の中にも、ひょっとしたら身近に被害者となった方がいるといわれても不思議ではありません。みなさんの家が泥棒や空き巣にいつ入られてもおかしくはないのです。先日の統計では、都内だけでも毎年五千件以上の空き巣被害が報告されています。

この事態を解消するため、弊社では空き巣撲滅のために今回の活動を企画しました。本日みなさんにご紹介したいのは、空き巣の実態とこれまでの防犯の手口、そして進化した最新技術です。

まず、空き巣とは泥棒の一種なのですが、家に誰もいないときに盗みに入ることを指します。家にいるときにも泥棒は入るのですが、空いていないから「空き巣」とはいわず、「居空き」と呼びます。どちらも重大な犯罪で、犯人には重い罰則が待っています。ただ、その危険を冒してでも犯人は実行に移します。だからあなどれないのです。

「防犯製品」ブレインストーミング

最新技術	手口	実態
窓	戸締り	盗み
3層構造	鍵	空き巣
フィルム	番犬	刑事罰
5分以上	砂利	侵入口
割れない	対策	ずる賢い
		増加

侵入ルートはさまざまです。玄関や風呂場、二階の窓など、人間が入れる場所は全て侵入可能と考えてください。二階だから安全だと思っていても、泥棒は意外と想像力を働かせています。

次に、これまでどうやって空き巣に対する防犯を行ってきたかを紹介します。なんといっても戸締りです。鍵をしっかりかけると安心かもしれませんが、鍵だけでは窓を割られると簡単に破られます。また、古くから番犬を飼うと泥棒対策になると信じられてきました。ただ、これは犬に餌を与えるなどで簡単に突破されることが分かり、飼い主と犬との信頼関係にひびが入ることも予想されます。家の周りに特殊な音が鳴る砂利を撒くのも効果的だと考えられていますが、家の周り全てを砂利で囲むわけにはいきません。

そこで、今回皆さんにご紹介するのはこの新製品の窓です。数枚の窓を重ねたこの窓には特殊フィルムが施されており、それは外側と二枚目の間に挟まっています。これがあるため、簡単には割れない仕組みになっています。泥棒は侵入するのに五分以上時間をかけたがらないという統計がありますので、泥棒には非常に嫌がられるタイプの窓なのです。人から嫌われたくないと思っても、泥棒からはぜひ嫌われてください。彼らからは気に入られても何一ついいことはありません。

窓の防犯性能については、こちらで体験ができるようになっています。十一時から実際に体験ができますので、どうぞお集まりください。実際に叩いて割ってみてください。そして、泥棒が帰りたくなるような気分を味わってください。すべての窓がこの製品でしたら、きっと安心して生活ができるでしょう。

プレゼン原稿の例：その3 「高級家具新製品発表会」

みなさんの心の豊かさを示す指標はいくつもあると思いますが、家具ほどそれを象徴する品物はありません。何も言わずにいつも体を支えてくれ、疲れを癒してくれる大切なパートナーには、ある程度の支出を惜しまないという方は多いでしょう。それを眺めるだけで、自分のこれまでの輝きと、人には見せないその後ろにある努力を思い出すかもしれません。家具は自分の努力の対価なのです。

また、普段の生活の中で実感する自分の価値観を、ほかの人にも知ってほしいと感じることも自然な欲求といえます。誰もがほかの人に認めてもらいたいと感じるのです。だからこそ、家具はいいものを選ばないといけません。

私どもがこの度ご紹介する新製品は、こちらのCSシリーズの椅子です。今回はこの製品の性能と弊社に与えられた社会からの信頼、そしてこの製品が持つ付加価値についてお話ししたいと考えています。

まず、この製品の確かな性能についてご説明します。CSシリーズには豊富なラインアップがありますが、そのどれもがユーザーの座り心地を最優先に考えます。全ては人間工学に基づいて計算され、座っているときの疲れを最小限に抑えます。単に座り心地がいいだけではありません。長時間座っていても、その心地良さが持続するのです。

表面を覆うのは牛革のみの仕様です。その中には、弊社が長年にわたり開発した特殊クッションが使用されています。硬すぎず、柔らかすぎないクッション、そして牛革が持つ適度な硬さが疲れの軽減を可能とします。

次に、私たちにはヨーロッパで得られた社会からの信頼があります。ドイツに拠点がある弊社の熱心なユーザーはヨーロッパ全土に拡大しています。歴史に裏づけられた私たちの確固たる信頼は、日本のみなさまにも近年受け入れられつつあります。繰り返し訪れて下さるお客様の中には、弊社の製品だけしか購入されないという方も多数いらっしゃいます。弊社のブランドは「質の保証」と同義語であり、みなさまの満足を裏切らない生産と

「家具」ブレインストーミング

付加価値	◀	信頼	◀	性能
成型		ドイツ		種類
高級感		ヨーロッパ実績		ユーザー
ステイタス		顧客満足度		人間工学
デザイナー		歴史		本革
快適さ		保証		クッション
ビジネス		サービス		座り心地
				疲れ軽減
				長時間

サービスを提供することこそ、私どもが約束するミッションです。そして、このCSシリーズがその集大成です。

最後に、この椅子に座るだけでさまざまな付加価値を感じていただけます。あなたの体を包み込むフォルムは、エグゼキュティブだけが許される高級感を堪能できることでしょう。今回は新たにヨーロッパのトップデザイナーと契約しました。あなたのステイタスを象徴するこの椅子の価値は、あなたが座ることでさらに増すこと間違いありません。高級感を身にまとうのは、あなたに必要なおしゃれの一つです。自分の快適さだけでなく、ビジネスの武器として、このアイテムはあなたをワンランク上に押し上げてくれるでしょう。

多様な価値観といわれる現在の社会でも、変わらないものがあります。納得のいく買い物はその一つかもしれません。人は一緒にいる人たちによって判断されます。それは物も同じです。いいものに囲まれて生活することは満足感に直結します。そんな夢をかなえてくれるのは、私どもが開発したこのCSシリーズです。

こちらにございますので、実際に座ってみて、その価値を実感してみてください。静かに、しかし確実に主張するその性能をぜひご堪能ください。目をつぶるとなお一層の快適さを感じられます。

プレゼン原稿の例：その4 「国際性を訴える就職活動」

アメリカの政権がドナルド・トランプを支持する共和党へと代わったことは、これまでのグローバル化路線を考え直す機会といわれています。しかし、日本には今後も確実に予想できる超高齢社会と少子化、隣国である中国の経済的、軍事的台頭、さらには韓国政治の不透明な先行きなど、国の内外で注視すべき問題が山積しています。

目まぐるしく変化する世界の情勢を見まわしてみると、私見ではありますが、今後もグローバル化は世界規模で継続する気がします。特に生産年齢人口を考えますと、少なくとも日本は単独では生き残れません。そのため、私たちは日本国内だけではなく、世界を常に意識して生活する必要があります。

私はこれまで日本を出たことはありませんが、日本にいても、世界で今何が起こっているかを見ているつもりではあります。そこで思うのは、世界がまだ日本に魅力を感じているということです。それに関連して、日本に来る外国人観光客と労働力に関して私は大きな興味を持っています。なぜなら私は現在就職活動中で、世界の中の日本の立ち位置と今後の社会に対する大きな変化と流れを肌で感じたいからです。そのため、今回は外国人労働者と観光客、そして日本人労働者との構成比の予想について話したいと考えています。

まず、外国人労働者は今後さらに増えていくと考えられます。現在も介護や看護職で東南アジアからの労働者が活躍していますが、工業生産ラインや海産物加工場などで実習生のみならず留学生などが就労している現実もあります。しかし、今後はそうした単純な労働だけではなく、会社の経営側に参入してくることも容易に考えられます。ブラジル人やインド系アメリカ人などは経営の中枢にいた人々です。日本がマーケットとして魅力的であるうちに、こうした優秀な人たちがたくさん日本に来て、日本人の上司となる日がくるかもしれません。つまり、グローバル化は日本国内でも起こるのです。

そうした外国人上司の元で働く日本人は、これまでの消極的な日本式コミュニケーションを変える必要があるかもしれません。間違えると恥ずかしいから意見を言わない、とか、誰かが言うだろうから意見を言わない、といった理由で会議中に黙る人は、良い意味でも悪い意味でも目立ちません。打たれるくらい出る杭になり、これまでよりも積極性が求められると思います。

次に、日本へ来る観光客の波はいまだとどまる気配はありません。特に、港に停泊するアジアからの大型客船と、空港に到着するLCCから降りてくる乗客数はその景気の良さを象徴しています。爆買いは一時の勢いが弱まったように見えますが、今後もまだまだ海外からのお客様は日本の街を目指しているようです。免税店の垂れ幕が外壁に揺れるデパートも増加し、店内では日本語、英語に加え、中国語と韓国語でも案内が流れます。インフラでもソフト面でも、インバウンド旅行者を歓迎する準備ができています。多くのお客様に消費していただくことは地域の活性化にもつながりますので、経済面ではますます期待ができます。

ただ、文化の違いから生じるマナーに関しては、日本人とのトラブルも報告されます。また、温泉や銭湯でタトゥーを入れた外国人にどう対処するかなども含め、双方からの異文化理解を促進する努力も求められます。個人レベルでできること、そして国レベルでしかできないことを総合的に考え、住み良い社会を作ることが今望まれています。

最後に、今後予想される日本人と外国人の人口構成比です。現在の日本は、圧倒的な少子・超高齢社会です。未成年の人口でいうと、今後二十年先まで予想できるわけですが、あと数年で年間の出生数は百万人を切りそうな勢いで減少しています。自分の親の世代はその倍はいたのですが、高齢者となった団塊の世代はまだそれよりも多いのです。現在でも、未成年の数は全人口の二十パーセントもいないのです。

これを補うのは外国人しかいないと思います。ただ、「外国人」という表現も時代遅れなのかもしれません。そうした分け隔てを作ることすら無意味な時代が、すぐそこまでやってきていると思います。今は「外国人」と呼ばれているかもしれませんが、彼らが日本で「日本人」として、日本人と同じ待遇で働く世の中は少し素敵な気がします。

イギリスのEU離脱に始まったグローバル化に対する反感は確かに広がりつつありますが、それができる国とできない国があります。日本は人口減少を考えても、他の国との共存は不可避です。伝統文化を残すことも大切ですが、私たちの生活は衣食住全てにおいて完全に欧米化していますし、瞬時に入手できる情報によって海外からの影響を大きく受けています。今後も世界の中の日本という位置付けを忘れることなく、常にアンテナを張り、社会を見つめていきたいと考えています。

「国際性」ブレインストーミング

構成比	観光客	外国人労働者
少子高齢	大型客船	介護
出生数	免税店	看護
団塊の世代	アジア	生産ライン
外国人	店内アナウンス	水産加工
日本人労働者	マナー	優秀
待遇	タトゥー	大胆
	異文化理解	積極性

プレゼン原稿の例：その5　「CAの夢を叶えたい！」

政府は今グローバル化を推し進めていますが、みなさんにとって世界はどの程度近い存在でしょうか。私の世代には、残念ながら世界で起こっている出来事を自分には関係なく、どこ吹く風といった捉え方をする人もいます。日本は他の国と陸続きではなく、言語も独立しているため、世界との交流という意識を持ちづらいかもしれません。

また、海外に行かなくても確かに生活を続けることはできるでしょう。ただ、それは世界から隔離されているという訳ではありません。いつでも世界に飛び出すことはできるのです。すべては考え方次第です。

十八歳のときに初めて海外に行った私は、日本とは違う景色と考え方と行動に完全に魅了されました。時間ができればアルバイトで貯めたお金で海外に行きます。そこへ向かう飛行機の中は、「今度はどんな出会いが待っているのだろうか」という期待でいっぱいで、乗り込む瞬間がなんともいえません。

そして、これを可能にしてくれる航空業界に対しては、言うまでもなくプラスの印象しかありません。「この業界で働き、世界を常に身近に感じていたい」という希望を私が持ち始めたのは当然だと思います。情報収集をテレビやネットを通した他人の見方に頼るのではなく、自らが世界を目撃することを可能にしてくれる航空業界への就職は、なんとしても実現させたい夢です。

今回は飛行機が持つ技術的魅力と役割、そして自分の挑戦を手助けしてくれる大きな存在であるという三つの点で、この業界に対する自分の思いをお伝えしたいと考えています。まず、私は飛行機に与えられた技術的な魅力を感じています。私は空港の搭乗デッキで、自分が乗る飛行機を眺めるのが楽しくて仕方ありません。大きく広げた翼と流線型の機体は実に美しく優雅です。航空力学的にデザインされたはずなのに、美的な要素が多く感じられるのが不思議です。

三年ほど前と比べて原油価格は半分以下になっていますが、デザインのみならずエンジンやボディの素材などを改良することで、燃費はさらに飛躍的に向上しています。エンジニアたちの開発の結晶が詰まったそんな機体に、我々の安全と快適さが保証されるのです。飛行機がこれからも最も安全な乗り物である以上、私たちは世界のどこへでも安心して旅をすることができるのです。

「揺れが怖い」という人もいますが、常に吹いている上空の強い風の中を飛ぶのだから揺れるのは当たり前だと考えると、不安などは吹き飛びます。台風の上を飛んだときですら、揺れはバスよりも小さく感じました。実際、揺れないときの飛行機は動いていることを忘れるくらいの快適さですし、車や電車、新幹線よりもはるかにいい乗り心地を体験できます。

次に、長距離を短時間で移動する手段として、飛行機は大きな役割を果たします。他の輸送手段と比べ、時間を節約することができます。仕事の効率に直結するため、時間にはお金と同じ価値があります。したがって移動時間を少なくすればするほど仕事に時間を回せます。旅行であっても、現地を見て回る時間にあてることができます。

また、時間は節約するためだけではありません。飛行機の中で過ごす時間も私には貴重です。飛行機は電車や新幹線と比べ静かです。目的地に着くまで途中に駅などもないことから、機内アナウンスも必要最低限です。睡眠も読書も仕事も全てにおいて集中できます。ビジネスクラスなどになるときっとさらに快適なのでしょうが、まだ想像ができません。ただ、エコノミークラスでも飛行機に乗るだけで私の心を満たしてくれます。日常から離れたリラックスの時間を与えてくれるのが飛行機なのです。

最後に、航空業界で働くことは私にとって挑戦です。外国に魅了された私は、「海外で働きたい」とずっと考えてきました。そのためにこれまで英語の習得に力を入れ、語学留学などにも積極的に取り組んできました。ただ、これはいつまで経っても終わりのない過程です。なぜなら、「もっと英語が話せるようになりたい」と新たな目標が常に出てくるからです。

言語だけではありません。海外に出る度に、新しい文化との出会いがあり発見があります。違う文化的背景を持つ人たちは、我々とは違った世界の見方を教えてくれます。それが楽しくて仕方ないのですが、そろそろ人生の勝負に出たいと思います。その勝負の場として私が選んだのが、海外の航空会社でCAとして働くことでした。私と同じように旅行を楽しみにしているお客様、そして私とは違うお仕事などで移動されるお客様の快適さのお手伝いができるのであれば、これほど幸せなことはありません。昔から好きだった飛行機の中が職場となり、いつまでも飛行機とその運行に携われるのであれば、私は一生を賭けて続けることができます。常に新しい発見をし、情報を収集するアンテナを張り、私の経験と思いのたけをぶつけたいと思っています。

海外から帰ってくると、友人から「どうだった?」と聞かれますが、「よかった」というつまらない答えをしたくありません。何がどうよかったかを、自分が持っている表現を

「CA になる夢」ブレインストーミング

挑戦の手助け	◀	役割	◀	技術的魅力
外国で就職		時間節約		美しさ
英語習得		仕事		優雅さ
文化		効率		デザイン
接客		静か		素材
一生を賭ける		快適		燃費向上
発見		リラックス		乗り心地
情報収集		異文化理解		安全性

最大限に使い、その友人も行ってみたくなるように説明することにしています。なぜなら、私の旅は現地に着く前から始まっており、帰ってきてからもその思いは温かく続いているからです。

そして、飛行機は世界を垣間見る機会を与えてくれる偉大な発明品です。誰よりも飛行機を愛し、その役割を十分に理解した上で、世界を体験することに独自の付加価値を見出してきたつもりです。私は飛行機とともに世界へ羽ばたき、世界をもっと身近に感じたいと思っています。

プレゼン原稿作成のまとめ

ここまでの流れを簡単にまとめます。

①アイディアをまとめるためブレインストーミングをする。
②その際、テーマによって分けながら書き出す。
③グループ分けしたら、それぞれタイトルをつける。

④どの順序で話すかを考え、主題文にまとめる。
⑤導入の段落を書く。
～ここまでが「構想」と「配置」～
⑥本体を書く際は、スムーズな移行と多様な表現を意識。
～「修辞」～
⑦結論には新しい考えを入れず、同じ主張を違う表現で。

さあ、原稿ができあがりました。あなたによって命が吹き込まれた原稿です。

私はこの段階で必要な写真やイメージ、またデータや表をパワーポイントやキーノートに入れ込みます。

厳密には、どんな資料を入れるかは同時進行で考えてはいますが、まずは原稿作成を優先させます。

そして、絶対に原稿をスライドに書いてはいけません。スライドの中の文字数は最小限にしましょう。

Chapter 4

いよいよ本番（美味しい盛り付け）

本番でやるべきこととは?

さあ、ついに本番当日を迎えました。お客様はどんなプレゼンが目の前で繰り広げられるかを楽しみに待っています。

今、街で一番うわさのレストランで自分が頼んだ料理を待つあの心境です。ワクワクしますよね。

みなさんのプレゼンを見るお客様も同じ気分なのです。

お客様目線でプレゼンを行いましょう。

テレプロンプターを使わないのであれば、みなさんは必ずお客さんの目を見なければいけません。しっかりと原稿を覚えていても、聞いてくれる人の目を見なければ記憶した意味は全くないのです。

なんとかしてセリフを思い出そうと斜め上方を見たりするのは、実にもったいないことです。厳しくいうならば、それは単に原稿をしっかり覚えることができていない証拠です。

プレゼンの基本は「相手に訴えかける」ということです。顔と体を聴衆に向け、全身で話しかけましょう。

最近ではピンマイクやヘッドセットマイクを利用するプレゼンが、日本でも徐々に増えてきました。

これは断然お勧めします。手を自由にしてくれるこうした道具を可能な限り使いましょう。そして大いにジェスチャーを用いましょう。

自分の後ろでは、スクリーンに準備した写真やグラフが投影されています。それを見ずに聴衆に訴えかけている姿を想像してください。

スクリーンの内容を指さすのではなく、またレーザーポインターをグルグル回すのでもなく、自分が話す内容に写真やスライドを連動させないといけません。

それはまさに、日本でバイブルのように扱われているスティーブ・ジョブズのプレゼンそのものです。

世界基準のプレゼンをしよう

言葉の端々に散りばめられた気の利いた表現に、聴衆は「なるほど」と納得する。

時にはこちらが意図したところで聴衆から笑顔がこぼれる。

あなたはステージ上のどこにいてもいいわけで、歩き回ることすらできます。左に座っている人たちにも、右のお客さんにも近づくことができます。

そして、その人たちに話しかけます。

身振り手振りをたくさん使って。

目を大きく見開いたりして。

たまにジョークを入れたり、拍手が鳴り止むのを待ったりして……。


アメリカで行われているプレゼンとは、まさにこのようにして行われているはずですよね。

そして、それは日本ではなかなか見ることができない類のプレゼンのはずです。

私が見る限り、日本ではステージ上の一箇所にとどまり、または座ったままで原稿を読み続け、観客に目を配ることも少ない、といった人が圧倒的に多いものです。

これでは、世界には太刀打ちできません。国際的にビジネスをするのであれば、それはプレゼンで勝てないことを意味します。

日本で見ることのなかった世界基準のプレゼンのやり方。

それをあなたから実践しましょう。

ステージでは全ての聴衆の目を見てください。これは非常に大切なことです。

最初は難しいとは思いますが、緊張はなるべくしないようにしてください。厳密には、緊張をしない自信を持てるほど練習してください。

大切なプレゼンであればあるほど、練習にかける時間を増やしましょう。

これまで述べてきた論理展開を学校教育で行っていないのは日本を含めた数か国だけで、他のアジア諸国を含め、海外では多くの国で小学校から行われています。

日本で、この話し方の流れが一度できあがれば、あっという間に変化が押し寄せて、プレゼンのやり方が変わるはずです。

テレビや動画サイトでアメリカのプレゼンイベントなどを見ることもできますので、そこで行われているプレゼンをしっかりと見て、話し方を研究しましょう。

Chapter 5

プレゼンがもたらす意外な効果

プレゼンが上手な学生は就職も上手くいく

私のゼミでは、学生たちに毎回プレゼンを行うことを課題としてきました。最初はなかなか要領が分からないようですが、だんだんと慣れていきます。

しかし、この正攻法プレゼンが実際に必要だと感じている学生は、実は半分もいません。いつまでたっても覚えようとしない学生がたくさんいるのです。

「まだ学生だから必要性を感じない」というのがその理由だそうです。彼らにとって必要なのは、単位を取って卒業することです。

それが分かっているものですから、こちらとしても特にそうした学生には厳しく指導することもありません。

反対に、資料に頼らないプレゼンに慣れてくると、自分でも面白いテーマを見つけるようになります。記憶に関しては完璧を目指し、表現を磨くため新しい語彙も試みます。

そんな学生にはさらに期待をして、こちらの指導にも熱が入ります。そして、こうした学生たちは例外なく希望の就職先に入れます。

ある学生は四〇〇〇倍の難関を突破していくつも内定を勝ち取りましたが、その理由が

「説得力ある話し方をする」と評価されたからだったそうです。

日本で求められる「コミュニケーション能力」とは?

現在、プレゼンと並んで企業が社員に求める能力に「コミュニケーション能力」があります。

コミュニケーション能力は、経済団体連合会(経団連)が行う「新卒社員に求める能力アンケート調査」で、十年以上連続でトップに挙げられています。

では、それ以外にはどんな能力がランクインしたかというと、第二位が主体性、第三位がチャレンジ精神、その後は協調性、誠実性、責任感、論理性と続きます。

けれども、これは全てコミュニケーション能力ではないでしょうか?

二位以下と区別されて、ダントツでコミュニケーション能力を求めるということは、日本でいうコミュニケーション能力には「主体性」は含まれないということでしょうか。

消極的で協調性がなく、不誠実で、非論理的ならば、コミュニケーション能力が高いとは思えません。

この調査結果にいくらかの違和感が生じましたので、実際に多くの企業でこのコミュニケーション能力をどういう意味で捉えているかを調査しました。

その結果を総合すると、企業が求めているコミュニケーション能力とは、どうやら「スタンドプレーをせず、話をしていて嫌な感じがしない。そして場を和ませるタイプで、まともに話ができる人」と考えられているようです。

つまり、日本で考えられている「高いコミュニケーション能力」とは、自分から発信するのではなく、消極的でコミュニケーションを受ける側、もっといえば「調整役」を指しているかのようです。

一方、欧米ではコミュニケーション能力が厳密に定義されています。それは「適切にかつ効果的にコミュニケーションを行う能力」です。

適切さとは「ルールから外れない」という意味で、その場に最もふさわしいコミュニケーションができることを示します。

「なぜこの人はここでこんなことしか言えないんだ……」と嘆かれるのは、その場面での暗黙の了解、いわば誰もが読めて当然である空気を読めていないことを意味します。

一方、効果的なコミュニケーションとは「無駄がないこと」を指します。

物理的な移動に例えるならば、回り道をするのは無駄ですし、効率的とはいえません。電車、車、またはバスなどの手段の中から、時間、費用、そして労力など、何を優先させるかの判断が求められ、それを実行する能力が問われます。

そして、これは会話にも当てはまります。

最後まで話をしていて、「結局この人は何を言いたいのだろう」という印象を残す人がいます。きっと自分でも何を言いたいのかが分かっていないのでしょう。

これでは効果的な話し方とは到底考えられません。そんな人の回りくどい話を聞くのは非常に辛いものです。

でも、分かりやすく話をしてくれる人とはスムーズに仕事を進めることができます。つまり無駄なくゴールに向かうことが期待されます。そのような人は何を伝えたいかが明確で、かつそれを無駄なく伝える術を持っています。

一言で表すならば、相手のかゆいところだけ掻いてあげるということです。

これが欧米でいう「高いコミュニケーション能力」なのです。

そして、本来コミュニケーション能力とは、非常に主体的で、能動的で、積極的な行動です。

Yes
Yes
Yes
VS

こうした理由から、経団連が行う調査で二位以下に挙げられているその他の項目が、私には全てコミュニケーション能力に思えて仕方がないのです。

日本では誰もがコミュニケーション能力という単語を都合よく使っているに過ぎず、実際は「正体がよく分からないから、得体の知れない消極的なイメージで捉えている」のだと考えられます。

本来のコミュニケーション能力の積極的な姿は、資料に頼らないプレゼンによって育まれます。つまり論理的展開です。

なぜなら、本来のプレゼンは誰に対して話をするのかを事前に分析し、その人たちが分かりやすいように話すことが要求されるからです。

また、言葉を選択する際には、専門用語が使えるかどうかも判断の中に入ります。不要なことは話さない、といった決定も全て含むのが「適切さ」です。

さらに、人間関係の保持が全面的に出る日本文化なら、それを考慮することも「適切さ」に該当します。

一方、論理的に話を展開し、無駄なく話すことは「効果的」なコミュニケーションにほかなりません。

だから、強いメッセージを伝達するための論理的思考は効果的なコミュニケーションに当たるのです。

経団連が十年以上報告しているこのコミュニケーション能力の正体が、ビジネスで同時に求められているプレゼンにあったことは特に驚くことではありません。

もっと驚くべきは、どちらも同じことを指しているということに、日本社会がいまだに気づいていないということのほうです。

同じ調査で二位以下に報告された要素が、コミュニケーション能力とは違うものだと判断されている事実が、今日のビジネスピープルのジレンマを暗示しているのです。

Chapter 6

論理構築を何に訴えるか（アレンジいろいろ）

相手を説得するときに必要な技術とは?

これまで論理的展開について話を進めてきましたが、人間はいかなるときにも論理だけで相手を説得できるものでしょうか?

人に何かをしてほしいときには、話題や場面、そして相手や自分など、さまざまな要素に応じて訴える矛先を変えることが必要とされます。

例えば、朝の海岸を歩いているときに、心ない海水浴客によって汚されている浜辺を見て、利用者にゴミを持ち帰るよう説得すると仮定しましょう。

みなさんだったら、この説得のためにどんな方略を選択しますか?

それにはいくつかの展開の仕方があります。

ここでヒントとなるのが「エトス」「ロゴス」「パトス」という考え方です。

現代の日本語に訳すなら、エトスは「信頼性」を指します。同様にロゴスは「論理」を、そしてパトスは「感情」を意味します。これも古代ギリシャ時代の発明です。

アリストテレスらによると、信頼性とは「肩書きや仕事ではなく、その人からにじみ出てくるもの」だと説明されています。

よくテレビのニュースで、コメンテーターとしてどこかの大学教授が出てきたり、評論家が話していたりしますが、その人たちに話をさせることによって説明の信頼性を上げようとするお決まりのパターンです。

でも、もしその人たちの話がまとまっていなかったら、話が分かりにくくなり、情報の信頼性も一気に急降下します。

学校でも、嫌いな先生の言うことは、話す内容が真実であってもあまり頭に入ってこなかったりします。

みなさんのプレゼンのやり方次第で、このエトスが変化するのです。

話し方に自信がなさそうに見えたり、原稿をろくに覚えもせず、行き当たりばったりなのがバレてしまうと、このエトスが低下します。

相手から「この人の話は信頼できる」と思ってもらえる話し方をする必要があります。

次に、ロゴスですが、論理がめちゃくちゃな話よりも、論理的にしっかりした話であるほうが説得しやすいことはすでに説明しました。

原因と結果、また話題の関連性などを一貫させ、客観的データなどを用いるのが、このロゴスを上げる秘訣です。

最後のパトスは人間的な心に訴えるのですが、これは相手の感情に刺激を与えるという考え方です。

「エトス」と「ロゴス」と「パトス」を上手に使う

先ほどの海岸の例に戻りましょう。

相手に対して、例えば自分がこれまで行ってきたボランティア活動などで得た知識や経験を話し、十分に清掃活動を語る資格があるように感じられるよう説得を展開するのがエトス。

海岸が汚れると生態系にどのような影響があるかを科学的に実証し、因果関係などを訴えるのがロゴス。

そして、ビニール袋をクラゲと間違えて飲み込んだウミガメが苦しむ姿を見せることで、「かわいそう」と感じてもらうことがパトス――ということになります。

要するに、何に訴えるかによって話の展開と方向性は変わってくるのです。

例えば、同じ食材でも、煮るのか、焼くのか、ボイルするのか、蒸すのかで、舌触りも触感も変わりますね。それによって、使う鍋も包丁も香辛料も変わります。

それと同様に、相手が何を求めているか（聴衆分析）を考慮し、プレゼンの内容に合わせて語彙や写真を変えることも必要なのです。

普段のビジネスでも同じことです。顧客のニーズに合わせて、何に訴えるのがいいのかを考えると、話の展開の仕方が変わってきます。

いわば、顧客がどういった必要性を感じているかをこちらから予測し、その場面や目的に適した展開を考えるのです。

プレゼン原稿を作成する際、私はこの段階を非常に面白く感じています。

一貫性を持たせて最後まで同じ展開を用いてもいいし、段落に応じて組み合せてもいいですし（例えばロゴスとパトス）、とても面白いものです。

Chapter 7

日本式プレゼンから脱却するために

日本は「論理」的なプレゼンが根づかない文化？

これまで、欧米で当たり前のように認識されているプレゼンの方法を説明してきました。日本でもプレゼンの必要性が広く理解されているにもかかわらず、なぜこんなにも本質を分かってもらえていないのでしょうか。

実は、そこには日本の文化が大きく関係しています。例えるなら、和食とフランス料理ほどの違いがあります。

昔から、日本の文化は集団主義だといわれてきました。

確かに日本人が個人主義の文化に住んでいると考える人は少ないでしょう。

そして、個人主義でないからこそ、代表して人前で話をすることなど社会的に求められてこなかったのも分かる気がします。

「出る杭は打たれる」ということわざもあります。

「公の場で話をする」ことなど、この文化では最初から避けられる行動なのかもしれません。

そして、スティーブ・ジョブズのプレゼンを見たことはあっても、誰もが「確かにすごいけど、あんなのアメリカ人だから……」と、どこか遠い国で行われている別の話のように感じていたのではないでしょうか。

しかし、プレゼンを避けては通れない時代がやってきました。

それに、何も大勢を前にした演説だけではなく、プレゼンには会議中の発言や少数を相手にした営業なども含まれます。

また、国際ビジネスにおいては論理的思考が不可欠であるということも最近では知られています。

ただ、日本では歴史的に見てこの「論理」が煙たがられる存在でした。

「理屈っぽい」とか「気難しい」などと否定的に見られたり、音と漢字が似ているというだけで「理論」と「論理」を混同する人もいて、必ずしも論理的思考に対する理解が進んでいなかったことは事実です。例えば、「理論武装」と呼ばれる話し方は多くの場合、何の理論に基づいているわけでもなく、明らかに論理・理詰めで攻めることを指しています。

そして、それはよほど対立した相手と話すときでないと用いられません。

では論理が求められなかったら、日本でのコミュニケーションでは何が重視されていたのでしょうか。

それは「文脈」です。どんな場面で誰に話すのかによって、コミュニケーションスタイルが決定されるのです。

その中でも、最も重視されるのが先に登場した人間関係です。

日本人のコミュニケーションを左右する決定的要素がこの人間関係であるがために、常に自分が言うことが他の人からどう評価されるかが最大の関心事となってしまうのです。

人間関係をまず考慮することから、人と人の間にある何かを重視する、という「間人主義」という考え方があります。

間人主義という考え方は、日本文化を的確に表しています。一般の方たちがテレビのインタビューで顔を隠すことが多いのは、後で「あの人、あんなこと考えていたんだ」などと思われないためです。

何かを言うときに、メッセージの中身よりも、それを聞いてほかの人がどう思うかを優先させる文化なのです。

これが、日本で論理を軸として主張を訴えるプレゼンが育たなかった最大の理由です。

そして、その考え方が表現に反映されるのです。

日本式コミュニケーションの不思議な特徴

企業の名前に「様」をつけることも、この間人主義の考えに通底していると思われます。「呼び捨てにしたら失礼だ」という関係性重視の思考がそうさせているのでしょう。「法人格に対する敬称」という世界でも稀に見る敬意の払い方であり、人間関係という文脈を大切にする日本のコミュニケーションを象徴しています。

社名に対して「〜さん」や「〜様」をつけるのは典型的な間人主義の現れですが、「これから○○についての発表を始めさせていただきたいと思います」などという始め方も、やはり日本でのプレゼンでよく聞く、間人主義文化に根付いた表現です。

意地悪な私は「思うだけでなくて実際に始めたらいいのに」と考えてしまうのですが、こうした表現は完全に慣例となっているようです。

「始めさせていただく」という言い方も、考えれば考えるほど「そこまでへりくだる必要があるのか」と思いませんか？

ただ単に「開始いたします」でいいはずです。

実際、この本で紹介している例文では、そのような始め方は推奨していません。もっと

これからプレゼンを
始めさせて
いただきたいと
思います

キャッチーな言い方で始めることを強く主張しています。

また、「主体的表現を避ける」というのも日本文化の特徴の一つです。「～となっています」「～と思わざるをえません」などは日本語によくある表現ですが、まるで自分の意思とは関係なく、何か別の作用が働いているかのようです。

同様に、「私たち結婚することになりました」よりも「私たち結婚します」と書かれた招待状のほうが潔い気がします。

ほかに、「こちらポテトになります」という表現もレストランなどで当たり前のように聞かれますが、「これからポテトになるのか」と待つ人はいないでしょう。

本来なら、「ポテトです」と商品を出されてもおかしくないはずです。こんなところにも、断定を避ける日本文化の傾向が見え隠れします。

「～と言わざるを得ません」や「～としか言いようがありません」という言い方も、やはり日本文化の中では「～と断言できます」と言うよりも好ましいのでしょう。なぜなら、間人主義の日本では直接的すぎる表現が避けられるからです。

このように文化、つまり特定の地域での考え方や行動というのは言葉に反映されます。そして多くの場合、その言葉を使っている人は、自分が文化に支配されていることに気づきません。

しかし、それは自文化の中ではよくても、世界では通用しません。

特にプレゼンのときには、曖昧な表現ではなく直接的に訴える話し方が求められます。

国際ビジネスでは、自分の文化と相手の文化の両方に敏感になることも大切です。コミュニケーションの「適切さ」は文化によって変化するからです。

仮に、英語を使う文化圏でコミュニケーションをするのであれば、関係性の保持ばかりを優先させるべきではありません。

なぜなら、英語を使う文化においては、説得には強いメッセージの伝達が必要だと考えられるからです。

この考えは、今や日本のビジネスシーンで最も必要とされるものです。

そのためにも、プレゼンでは特に、これまで日本文化が避けてきた「論理」に最大限の注意を払う訓練を行いましょう。

また、言葉を最大限に使うと主張しましたが、それは前ページのような表面的な言い回しではなく、芸術としての知的な遊びを意図しています。分かりやすさと信頼性のアップで、あなたの主張が頭に入りやすくなるのです。

言葉に加えて、非言語コミュニケーションにおいても、日本のプレゼンでは改善させるべき点がたくさんあります。

顔の表情、ステージ上の動き、ジェスチャーに加え、声の大きさ、間の取り方なども考慮すべきです。

関係性を重視する間人主義の中にあって、あえて言葉の力を最大限に生かしたプレゼンをすることが、現在のビジネスパーソンには求められているのです。

さらに、日本のプレゼンに論理を取り入れる利点は「話し手と聞き手の責任」です。

日本ではコミュニケーションで誤解が生じたら聞き手に責任があると考えられがちです。なぜなら、話し手はかなりいい加減にメッセージを投げても、聞いている側がきちんと受け止めなければといけないと考えられているからです。

「こんなこと言わなくても分かるだろう！」と怒る人もよく見かけます。俳句なども、聞いている人が想像力たくましく理解しなければ、ただの難解な言葉の羅列です。

これは論理を重視する欧米の話し方とは違います。

英語で話す人は、会話の途中で「今言っていること、ちゃんと意味をなしていますか」と聞いてきます。話していることが相手に伝わっているかを確認しているのです。

聞いている側も、「こちらが分かるように話してください」という態度で聞くのが当然だと考えられています。だから欧米では論理を重視するのです。

ただし、そうであるなら、ここから発想の転換をすればどうでしょうか。

日本の聴衆は、最初から理解しようとしてくれます。そのうえで、聞く人が分かりやすい話を展開したとすれば、どれだけ聴衆の理解が進むことでしょうか。

聞いている人たちにとって親切な話し方をする、つまり論理的に話すことは、あなたの信頼性向上にも関係します。

国際ビジネスはもとより、日本でのプレゼンで論理的思考が求められる理由がここにあるのです。

現在は、まだ多くの人たちが日本文化でしか通用しないプレゼンを行っていますが、それを逆手にとって、日本文化で際立つプレゼンを行い、あえて目立ちましょう。

コミュニケーションに関する誤解

日本ではよく「円滑なコミュニケーション」という表現が使われます。

「円滑な」とは「物事が滞ることなく運ぶ」という意味ですが、表面に油を塗った、いわゆる摩擦が少ない様子を思い浮かべることができます。

しかし、上司を満足させるために、常に同意して場を和ませ続けるその先にあるのは、人間関係の表面的な保持のみを考え、他者からの評価を最優先させたビジネススタイルです。

そんなことでは世界に進出できるはずがありません。

大勢を前にしたプレゼンであろうと、対面のコミュニケーションであろうと、いかにメッセージを伝達するかということに変わりはありません。

序盤で私は、コミュニケーションの定義を「メッセージ交換のプロセスだ」と説明しました。

人間のコミュニケーションは非常に複雑であり、同じメッセージを全員が同じように解釈しているわけではないため、ときには誤解や衝突などが生じることがあります。

しかし、言葉を何度も交換することで、毎回気づかずに意味のすり合わせをしているのです。

すり合わせを行うのはごく自然なことであり、つるつる滑って摩擦が少ないことのほうがはるかに不自然なのです。

そして、多少の衝突があるほうが人間的です。同僚でも友人でも家族でも、少しは言いたいことを言い合ってストレスをためないことも、良好なコミュニケーションを行ううえでは必要です。いわば〝ガス抜き〟です。

そのためにも、人間関係だけを考えて言いたいことを言わないのではなく、言うべきことを相手に分かりやすく話すことが求められます。

論理的に話すことは、あなたを守る手段であることを忘れないでください。

適切なコミュニケーション

高いコミュニケーション能力の要素として挙げられた「適切さ」について、ここでもう少し考えてみましょう。

先ほどは「ルールから外れない」と述べましたが、ルールブックがなければどうやってそのルールを知ることができるのでしょうか。

みなさんは普段、その場の「適切さ」をどうやって推し量っていますか？

たまに「空気が読めない」と評価されている人がいます。

最近はあまり聞きませんが、略して「KY」と言われていたあの表現です。

KYと言っただけで、なぜか肯定ではなく否定として使われていたこの頭文字ですが、これは日本社会で雰囲気を読むプレッシャーを象徴した表現だと思います。

では、いったいその空気とか雰囲気とやらをどうやったら読むことができるのでしょうか？

空気が読めるか否かは、複数の予測を瞬時に処理できるかどうかにかかってきます。

空気が読めない人は自分が言いたいことだけを言い、それがどのような結果を生み出すかを読むことができません。

「空気を読む」ことには、相手のそのときの感情や背景的な情報、そして相手との社会的距離など、言うべきこととそうでないことの区別などが含まれます。

また、自分がどう見られているかを客観的に理解しているか、そして自分が譲れない部分が何か、などを総合的に考えて、「何が正解か」、または「何が最も正解に近い選択肢か」を瞬時に考えているのです。

人は多くの場合、会話の流れを予想しています。漫才などを見ていても、その流れが通常とは違う場合、得てしてそれが笑うタイミングとなるはずです。

いわゆる「オチ」です。予想通りだったらオチは存在しなくなります。

普段の会話も、プレゼンも同じです。

相手が置かれている立場、自分の発言が与える影響、その人とのこれまでの、そしてこれからの人間関係など、いくつものことを同時に考えながら、相手からの発言も予見しているのです。

そこから外れないことが適切なコミュニケーションなのです。

こうした「予測」や「察し」は日本文化に多く見られる特色のひとつです。

なぜなら、日本のコミュニケーションは、言葉よりもそれ以外の状況や人間関係などを含めた非言語要素を多用するからです。

言葉以外の多くの情報を考慮し、話し手と聞き手の両者が流れを推察し合います。

間人主義文化があなたを操っているために、当然やらなければならない行動として、人間関係を代表とする場面の把握が期待されているのです。

また、相手に遠慮を期待し、こちらでいつ遠慮をすべきか考えるのも日本文化の特徴です。

いずれにせよ、言外の意味を汲み取り、多くを察することが期待されているのが日本的コミュニケーションです。

コミュニケーション能力の適切さと効果を強調したのはアメリカの研究者たちでしたが、この適切さに関する複雑さは文化によって違います。

さまざまな日本文化の特色を理解し、最も適切で社会的なルールを読み取ることができれば、きっと「場違いなことを言う人」とは思われないでしょう。

ただ、「自分は日本人だから人間関係を考慮して発言ができなくなる」という主張は言い訳がましく聞こえます。

なぜなら、「人からどう思われるか分からないから言わない」という姿には積極性が感じられないからです。

いわば、責任から逃げて人任せにしているだけです。

もし、間人主義を主張するのであれば、人間関係を保つために発言するという発想も成り立つのであって、それが適切なコミュニケーションだとも考えられます。

使う言葉に敏感になるべき

それから、適切さに関しては「政治的に正しい表現（Political Correctness＝PC）」にも気をつけましょう。

古来、日本語だけでなく、外国の言葉にも単語に内在する偏見が多く見受けられました。性差や身体的特徴、そして民族などの先入観が、言葉にそのまま反映されていたのです。ＰＣはもともと英語圏で始まった運動です。

例えば、「policeman」や「stewardess」には性差が含まれています。女性の警察官もいるのですから「-man」は適切ではありません。

また、同様に職業に付けられる「-ess」は女性を意味しますが、スチュワーデスといっても男性も同じ仕事として働いています。

特に海外では、男性の客室乗務員は数多くいます。

だから最近では「police officer」や「flight attendant/cabin attendant」という言葉が使われるようになりました。

こうした動きが日本語にも取り入れられました。その結果、「障害者」は「障がい者」

（または障碍者）、「保母」は「保育士」、そして「看護婦」は「看護師」と呼ばれるようになっています。

でも、何か変ではありませんか？

なぜ武士の「士」と恩師の「師」が混在しているのでしょうか？

それから、名称が変わっても、日本では「flight attendant」は圧倒的に女性が多いですね。ほかにも、野球のキャッチャーは「女房役」と呼ばれ、「女医」「女流棋士」「帰国子女」などの表現は、日本語では今でも使われていますが、そこまで注意が払われていないのか、あるいは暗黙の了解なのかは謎です。

表面的には少しずつこのＰＣ運動が広がりつつありますが、深層心理ではまだまだ男女の間の平等感がこの国では浸透していないようです。

背景には「女性だったらこうあるべき」とか「男性の仕事」などという先入観を持っている人がそれだけたくさんいるということが挙げられます。

日本は男尊女卑の時代が長く続きましたが、男女雇用機会均等法や男女共同参画などの法整備も整い、男性と同じ土俵で女性が戦えるような社会ができつつあります。

しかし、いくら男女平等の思想や運動が外国から輸入されても、実際には日本の根強い性差に関する固定観念はどうやら続いているようで、言葉の端々にそんな傾向が顔を出します。

だからこそ言葉に敏感にならないといけないのです。

商談の相手との会話で、性差に対する差別的な態度が見え隠れすると致命的です。

また、性差に言及するならば、欧米の男性に求められる「レディファースト」の習慣を学ぶことも、日本人にとって参考になる点が大きいと考えられます。

それは性差に関係なく、「他者に対する思いやりと大人としての品格を持つ」という表現が適切でしょう。

例えば、ドアを開ける際に、自分の後ろに誰かいないかを見て、誰かが近くにいるのであれば開けて待ってあげる。開けてもらったほうは礼を言い、そのまた後ろの人のためにドアを開ける――欧米では当たり前のように行われる行為ですが、日本ではあまり見かけません。

仮に日本でこれをやったとしても、前の人が開けてくれたところで、礼も言わずに入る人もいるでしょう。

歩いていて道を譲ってもらうときにも、日本ではいっさい声をかけない人もたくさんいるところを見ると、「道徳観」という点でアジアと欧米の違いを感じます。

グローバル化のところで触れた間人主義は、日本のコミュニケーションの適切さにおいて、さらなる興味深い傾向を説明します。

人間関係の有無が日本人のコミュニケーションを決定するため、知り合いと他人とでは振る舞いが全く異なるのです。

そのため、赤の他人にはあまり声をかけないというのが一般的です。

一方、欧米では、バス停で並ぶ知らない客同士が話し始めることは珍しくありません。

ビジネスにおいては、それぞれの文化に適したコミュニケーションができなければ支障が出ます。

日本のやり方を世界に当てはめようとするは無理があるのです。

そして、これはプレゼンにも通じます。

国際的な場面でプレゼンをしようとするなら、日本でしか通用しないものは使うべきではないのです。

例えば、英語で話そうとするなら、文化的解読の失敗は文法的に間違えるよりもはるかに重大なミスです。

英語圏では知らない人とでも話すことが当然だと知ることは、英語の文法を学ぶ前に学習すべき文化的側面です。

また、この文化的相違は人から習うだけでなく、緻密な洞察により、社会学習を通して自ら会得すべき考察でもあります。

自分で見聞きして、しっかりと自分のものにしなければ、自分の考えが言葉や行動に現れてしまうのです。

言語だけでなく非言語にも敏感になりましょう。

身の回りで当たり前に使われている言動に対して少し注意を払えば、社会の、あるいは文化のそうした根の深い問題も垣間見えたりもします。

そして、それと気づかずに使っていると、どこかであなたの言葉に傷つく人もいるかもしれません。

適切な表現というのは、何もみんなが使っているから正しいとは限りません。

言葉の自由な操作性とそこに潜む危険性を十分に配慮しながら、他者とのコミュニケーションを楽しみましょう。

効果的なコミュニケーション

高いコミュニケーション能力に不可欠なもう一つの要素は「効果」です。

分かりにくい話を聞かされることは結構な苦痛です。反対に、何を言いたいのかが明確で一貫性があり、話の最終的な着地点が分かっている場合は話についていきやすいものです。

つまり、分かりやすい展開ができる人の話は聞いていて心地いいのです。

人生の多くの場面は、ゴールに向かって行動するものです。

そうだとしたら、そこには効率の良さが求められます。そして、それはコミュニケーションにも通じます。

効果的に接するなら、論理的に話すことが大前提です。

これはコミュニケーションの基本行動である「聞いて、判断して、反応する」という最後の「反応」にあたるもので、最大限に発揮されるべき能力です。

もし反応という行為がなければ、コミュニケーションの定義である「メッセージ交換のプロセス」は行われず、コミュニケーションはそこで断絶されます。

論理的に話す方法については、すでに説明しました。

それは人前で話すプレゼンの準備段階から実践にかけての中軸部分です。

論理的な話の展開は、ブレインストーミングで主題文と話題文を作る練習を三回行えば、かなりできるようになります。

最初は難しいかもしれませんが、必ず慣れてきます。

そして、その技術はプレゼンだけでなく、一対一のコミュニケーションでも使えるものです。

普段の生活でのコミュニケーション場面は、どう考えても大勢を前にするプレゼンよりも一対一のほうが多いはずです。

つまり、みなさんがコミュニケーション能力を発揮する場は日常でもそれだけ多いということですが、そこでも基本の姿はあの「相手が分かりやすい論理的な」話し方なのです。

言いたいことだけを言うのではなく、相手が理解できるように話すことが効果的なコミュニケーションには欠かせません。

そして、それが効果的であれば（つまり分かりやすければ）、高いコミュニケーション能力があるという評価につながります。

そのためにも、話に一貫性を持たせることが大切です。始まりと終わりを意識して、話題があちらこちらに飛ばないよう心がけましょう。

このように、コミュニケーション能力の本来の姿は、日本ではまだその実態が広く知られていません。

実際には自発的な行動なのに、受身的な能力だと認識されていることもあるようです。世間に知られていないという点では、プレゼンのやり方にしても同じです。まだ、言葉で表現する必要性に多くの人たちが気づいていない、という共通点もあります。

「欧米風のプレゼンと日本のスタイルは違うんだ」と考えているのなら、それが日本のプレゼンとコミュニケーション能力の成長を妨げています。

日本語であっても、論理的に話す術を身につけ、プレゼンをこなす。

そして、文化に十分配慮した適切さと、分かりやすく効果的なコミュニケーションを行う能力を身につけられたら、真の意味で「グローバルなものの見方」ができる人になるでしょう。

プレゼンとコミュニケーション能力は共通の能力です。

どの場面で、誰の前で行うかで呼び方が異なるだけです。

大勢ではなく、一対一で顔と顔を合わせるコミュニケーション能力を発揮する場面は日常にいくつもあります。

まず商談の場面が挙げられます。会議もそうです。会議では、報告であろうと審議であろうと、しっかり聞くことが要求されていることは言うまでもありません。

話の内容を理解し、咀嚼《そしゃく》することも当然ながら必要です。

そのほか、顧客を相手にした電話でも、また同僚との他愛のない話でも、あなたのコミュニケーション能力は常に問われ、かつ周りから評価されています。

そして、どの場面であろうと、プレゼンの技法が会話に生かされてくるのです。

誰の発言に対しても、こちらからも反応としての「発言をすること」の重要性を忘れないでください。

それに「聞く」「判断」を加えたこの三つがコミュニケーションなのです。

その結果として生まれるのが、互いの心に生じるなんらかの変化と新しい現実です。

情報をただ入れるだけでは生まれません。自分から出さない限り、何も変わらないのです。

ピアレビュー

コミュニケーション能力に適切さと効果が期待されることが分かったとしても、それをどうやって伸ばし、いつ発揮できるかということは課題の一つです。

したがって意図的に適切さと効果を磨く訓練をしましょう。

プレゼンを定期的に行うことは、その課題を一気に解消します。

職場で研修などがあれば最適な機会になるのですが、そうでなければ数カ月に一度くらいの頻度で、プレゼンを部署ごとに行うといいでしょう。

その場合、プレゼンを順番で回し、全員が担当する必要があります。

それと同時に、反復練習が必要です。当然のことながら、プレゼンの技術が一度だけで身につくことはありません。何度も何度も行い、体で覚えましょう。

課題はなんでも構いません。仕事に関連させたことに限定すると、みんなが同じ課題をすることになり、すぐに話題がなくなってしまうかもしれませんので、テーマは自由とすることをお勧めします。

趣味についてでも、自分の意外な一面でも、はたまた将来の目標でもなんでもいいのです。

大切なのは言いたいことを論理的に説明して、その出力方法に意味を見つけることです。そうすると、それが仕事のありとあらゆる面で効果を発揮し始めます。

これまで私が行った企業研修の数カ月後には、会議で意見を言わなかった社員が話し始め、世間話でも聞き役だった同僚が饒舌《じょうぜつ》になった、という話を実際に聞いています。

私のゼミ生の中にも二年間で大きく成長した学生が何人もいました。

スピーチ原稿を緻密に考え、本番に向けて準備する、という過程を何度も経るうちに、自発的に挑戦することこそがコミュニケーション能力であり、それを育むのがプレゼンであることが実感できるのです。

定期的にプレゼンを行うことは意見を発信し、適切さと効果を伸ばすことにつながりますが、この練習の目的はそれだけではありません。

普段行うプレゼンを聞いて、同僚としてそのプレゼンをより良いものに仕上げるのです。

つまり同僚（ピア）からの評価（レビュー）です。自分がプレゼンを行っているだけでは気づかない弱点を指摘してもらうのと同時に、良い箇所をさらに伸ばすのがその目的です。

そこには的確な分析が求められます。

当然、文章の構成を分かっている必要がありますし、何よりもしっかりと聞いてコメントを与えないといけません。

ピアレビューができないと、聴衆として失格といっても過言ではありません。

なぜなら、プレゼンは一方通行の情報の流れではなく、聞いている人のフィードバックも必要であり、話し手と聞き手がダイナミックに行う生産過程のステージだからです。

話し手と聞き手のどちらかが参加していなければ、プレゼンは成り立ちません。

プレゼンは話す側ばかりに何かと焦点が当てられがちですが、聞く側にもなんらかの形で反応する役割が求められるのです。

だから、優れたプレゼンには盛大な拍手で応えましょう。

全ては生産的なメッセージ交換のプロセスなのです。

ピアレビューには重要なルールがあります。

まず大原則として、プレゼンを肯定的に見ることです。揚げ足を取るようなコメントをしてはいけません。同僚に自信をつけさせてあげることが大切なのです。否定的なコメントは避けましょう。

誰かのプレゼンを聞いていると、悪いところが目立ったりもします。しかし、それを悪く言わないことがその人のプレゼンを改善するのです。さらに、それはあなたの適切なコミュニケーションセンスに磨きをかけることにもつながります。

そのプレゼンにはさらに伸ばすべき良い部分があるはずです。まずはその点を大いに褒めてあげてください。

こうしてプレゼンの技術を磨いてもらい、ぜひ本番で使って、商談をいい結果へ結びつけてもらいましょう。

次に、改善点への言及です。

改善するのですから、「ここが悪かった」ではなく「こんなやり方もあるから次回試してみてはどうか」という具合にアドバイスをします。

このアドバイスをする前に、必ずプラスの部分をそのプレゼンに見出しましょう。まずは褒《ほ》めて、その後で改善点を指摘するのです。

そのために、いいところをいくつか見つけるよう、プレゼンを肯定的に見る態度を身につけましょう。

ものの見方に関するそうした訓練は、普段のコミュニケーションにも影響を与えます。ほかの人のプラスの部分を見つけるということは、結果的には適切で効果的なコミュニケーションにもつながるのです。

プレゼンの後に、聴衆役の同僚の誰が指名されてもコメントを返せるように各自が準備しながら聞くことで、聴衆の積極的な参加と適切な分析が期待され、それによって話し手の説明する技術も向上します。

「しっかり聞いていた」という反応を示せば、同僚からの評価は機能し、プレゼンターに大きな安心感と自信を与えます。

ピアレビューを用いた反復練習をすると、あなたの会社、あなたの部署、あなたのプレゼンは一気に上達します。そして、海外で目にするようなプレゼンが必ずできるようになるでしょう。

コミュニケーション能力の習得

コミュニケーション能力が高ければどんな職場に行こうと大歓迎され優遇されそうですが、誰もが高いコミュニケーション能力を身につけることができるかというと、残念ながらそうとは言えません。

それは、例えば誰もが球技の達人になれるかというと、そうではないのと同じだと思います。

人には得手不得手があり、コミュニケーションがどうしても苦手な人はいます。

何が理由でそうなるのかということは、まだ完全には分かっていません。

しかし、これまで分かってきたことを基に少しご説明しましょう。

まず、高いコミュニケーション能力は生まれつきのものかどうかという点では、学者によって見解は分かれるのですが、ほとんどの場合、生まれた後に備わるものと理解されています。

人間は周りの人を見ながら真似をすることで適切な振る舞い方を学び、成長します。振る舞い方もさることながら、どうやって人の話を聞くか、特定の場面でどう反応するかも、やはり人の真似をすることで覚えるのです。

また、どんな語彙を選び、どんな非言語をどう用いるかという模範も他者に求めます。そして、最も影響力の大きいその模範が家族です。当然ながら親の影響が大きいのですが、兄弟姉妹の影響もあります。

いいモデルに出会えるかどうかが、一つの大きな分かれ目となります。

仮に、家族にいいモデルがいなかったとしても、友人や学校の先生など、真似る対象がたくさんいるのが社会です。

周りの人たちの刺激を常に受けながら、我々は成長するのです。

コミュニケーション能力は、多くの場合青年期までに習得されます。

ただ、そこを逃したからといって、それ以降は身につけられなくなるというわけではありません。

社会に出てしばらく経ったとしても学ぶ機会はたくさんありますし、新しい職場や部署で、人生のモデルとなる上司に出会った経験がある人も少なくないでしょう。口調や振る舞いにその影響が出ることも決して珍しくありません。

コミュニケーション学の理論に「社会的学習理論」というものがあります。人は多かれ少なかれ他者からの影響を受け、それを観察し、真似て、学んでいくのです。真似る対象はどこにでもいます。影響力がある人が近くにいれば当然そこで学びますが、メディアを通しても人は多くを学んでいます。

もし、プレゼン中の効果的な仕草や話し方が分からず、誰か上手な人を探して模倣するなら、それも社会的学習です。

テレビや動画サイトを見て、手本となるプレゼンを真似ることは参考になります。

何度となく書きましたが、人間のコミュニケーションは、聞いて、判断して、反応するという三つの行動の繰り返しです。

そのどれが欠けてもコミュニケーション能力に影響しますが、今の自分に必要なのはその三つのどこなのかを分析して、自分のスキルを磨く手もあります。

最初の「聞く」というのは解読であり、相手が何を言っているのかを読み取る能力です。より正確には、言葉の意味を読み取る、行間の意味も理解するということです。例えば、相手が言っている冗談を理解できず真に受けたりするのであれば、もっと多くの人と話す中で解読技術を伸ばさなければいけません。

ここでも修辞を洗練させ、抽象名詞を使うことがその習得の手助けをしてくれます。言葉に敏感になり、言葉を磨く訓練はコミュニケーション能力の向上に欠かせません。

次に、「判断」とは「意思決定能力」とも換言できます。つまり、今何をすべきか考え、最適な解決策を見出し、結果を予測するのです。

いわば心理的にさまざまなパターンを試す力です。自分の判断が鈍いと感じるのであれば、まずそうした部分を再度確認してみましょう。

最後の「反応」は「記号化能力」ともいえます。自分の考えを最も近い言葉に変換する能力です。

これは語彙が豊富であればそれだけ楽になります。語彙が少なければ限られたことしか言えません。

何に対しても「やばい」や「普通に」ばかりで表現していたら、話している内容の程度が分かりません。

それで分かってもらおうとするのは身勝手な話です。

それ以前に、なんでも「やばい」としか言えない人は、最初からあまり深く考えていないのかもしれません。

ほかの言い方を考えて、思考を複雑にすることを覚える必要があります。

それぞれの能力には個人差がありますが、その人がどの程度の能力を身につけたいかで、その能力の客観的評価は変わってきます。

人からはコミュニケーション能力が低いと見なされたとしても、本人は満足しているかもしれません。

それはテストで60点を取ったとしても、最初から60点を狙っている学生にとっては満足であり、それを知らない先生は勉強不足と評価するケースと似ています。

当初から目標が低ければ、他者からの評価がいくら低くても本人の成長は見込めません。

他者と話さなくてもいい、と最初から考える人には、コミュニケーション能力は身につかないのです。

低い目標を持つ理由はさまざまでしょうが、本人が必要性を感じない限り、積極的には習得を試みないでしょう。

少なくとも、現実的な必要性に駆られる段階になればやる気も出るはずですが、そうでもない限り、努力してコミュニケーション能力を身につけようとはしないものです。

それから、先に述べた日本文化がコミュニケーション能力の向上の妨げとなっていることもあるでしょう。

子供のころから自発的に人前で話すことを要求されなかったのに、突然プレゼンや積極性を求められるようになるわけですから、日本のビジネスピープルは大変なのです。

公で話をするという考え方に関して、日本と欧米とでは随分違います。もしかしたら日本の初等教育から見直さないと、高いコミュニケーション能力は簡単には身につかないのかもしれません。

しかし、この日本の中にも会議で積極的に手を挙げる人はたくさんいます。

その人たちだけに任せるのではなく、誰もが、どこからでも発言する会議が今求められているのです。いい模範が近くにいるのであれば、ぜひ真似ましょう。

コミュニケーション能力の習得に与える心理社会的な影響もあります。

青年期に発達する認知構造の発達と感情構造の拡大です。

大人になるにしたがって、正確には多くを学ぶことによって、難しいことが理解できるようになります。他者の感情も分かるようになります。

青年期は多くの面で変化を経験しますが、難しいことを理解しようと試み、抑えきれない感情を発散しようとします。それをコントロールすることもコミュニケーション能力習得の重要な個人的要素です。

またその変化に伴い、スポーツや読書などの行動レパートリーが変化し、家族や仲間との対人関係にも変化が生じます。

最終的には社会人となり、自分の社会的立場を理解することで行動が制御されるのです。俗にいう「羽目を外す」こともなくなる、つまり適切さを学ぶのです。

プレゼンの準備は、確実にコミュニケーション能力の育成につながります。最初のうちは緊張も恥ずかしさもあるでしょう。

しかし、話すネタをしっかり準備し、それを論理的に話す準備をして、どう話すかの準備をする。全てにおいて準備が周到であれば、上手くいかないわけがありません。

そして、それができなければ瞬時に反応することなどはできないのです。

西洋には日本と違う文化があり、そこには「人にメッセージを伝えること」に対するアジアとは異なった考え方、分析、研究がありました。

グローバル化を掲げてはいても、今の日本社会は海外のそうした研究結果を利用することなく、かつやり方も教えずに、人前で話すよう人々に強要しています。そして、そこには当然無理が生じます。

プレゼン能力の習得に遅すぎることはありません。

そして、それはみなさんのコミュニケーションに新たな可能性をもたらし、新しい人間関係へと導きます。

文化が違うというだけで、西洋人にできて日本人にできないということはありません。やり方さえ学べば、そして少しだけ努力すれば簡単にできるのです。

まだ多くの人がこの技術を知らないうちに、あなただけプレゼンの達人になって、いい意味で「出る杭」になってみてはどうでしょうか。

そして、効果的なコミュニケーションを行う中で、さらに高いコミュニケーション能力を身につけてはいかがでしょうか。

おわりに

プレゼンには型があります。

それは明確に分けられた「導入」「本体」「結論」の三つであり、導入の中にある「主題文」と、本体の中にある「話題文」です。

この型の中でどれだけのアイディアを出し（構想）、展開を考え（配置）、言葉をあやつり、あなたらしさを表現するか（修辞）が成功へのカギとなります。

そして、原稿をしっかりと覚え（記憶）、また聴衆の目を見て訴えること（実践）が、プロのプレゼンに欠かせない技術です。

国際ビジネスでライバルと互角に、いやそれ以上に戦うには、プレゼンを武器として身につけなくてはなりません。

このレシピに沿ってプレゼン原稿を作るだけで、欧米などで行われるプレゼンの基礎を作ることができます。

まずはこの型をしっかり理解し、どんな話題でも繰り返し作ることができるようにしましょう。

それは料理の際に食材を選ぶようなものです。ハーブやスパイスなどの調味料を足したり引いたりして、あなただけのアレンジで好みの味に仕上げてもかまいません。豚肉なり鶏肉なりを和風に、フレンチに、はたまた中華に仕上げるかは「エトス」と「ロゴス」と「パトス」の関係に似ています。

最も適切だと思う料理法で、食べてもらう人の喜ぶ顔を思いながら作りましょう。

また、料理と同じように、プレゼンも一度うまくいったからといって満足してはいけません。さらに磨きをかける訓練を怠らないよう心がけましょう。

そのためにも言葉に敏感になること、さらにコミュニケーションに敏感になることが大切です。

何度か出てきましたが、コミュニケーションは「メッセージ交換のプロセス」です。プレゼンがコミュニケーションの一形態である以上、聴衆（またはお客様）との対話であることを忘れないでください。

彼らが分かりやすいように話す。彼らに訴えること、理解してもらうこと、そして考えを変えてもらうことを最優先に考えることが、日本のプレゼンに今最も必要なことなのです。

日本は徐々にグローバル化が進んでいます。海外からたくさんの人たちが日本を訪れ、観光やショッピングを楽しむのと同時に、仕事を求めています。

この流れは更に加速するでしょう。そのころには優秀な人材が世界中から日本を目指してくるはずです。

今後は、国内でもそうした人々を相手にビジネスをする機会が間違いなく増えます。今こそ社会人の常識として、日本人の一人ひとりが論理と修辞を生かしたプレゼンの達人になる必要があるのです。

もし、これまで英語でプレゼン原稿を書いていて、「何か英語っぽくないなあ」と感じていた方がいらっしゃれば、実はこの修辞が原因だったのかもしれません。少なくとも私は英語を習得する過程でそう感じたものです。

日本語で考えた文章を直訳すると非常に味気ない表現になります。翻訳ソフトなどを使うと、当然もっとひどい代物となり、目も当てられません。ですから、そんな原稿を国際ビジネスでのプレゼンで使用することは絶対に推奨しません。

違和感を覚えるその原因は、文化が違うことによって生じる表現やものの見方の違いです。

英語でプレゼンをする必要性に直面しているみなさんは、この本で説明した論理展開と英語の語彙拡大を同時に行いましょう。

この本では、単にプレゼンの基本を伝えたに過ぎません。

プレゼンの原型であるレトリック（修辞）はとても奥が深く、研究者たちの産物は人間のコミュニケーション研究の集大成です。

こうした研究結果を最大限に生かし、「ビジネスはコミュニケーションであり、プレゼンもコミュニケーションである」と理解することが今の日本に不可欠です。

旧態依然とした資料依存が続く日本のプレゼンをみなさんで変えていきましょう！

そして、世界にチャレンジして新しい自分を発見しましょう！

装丁◉原田恵都子(Harada + Harada)
イラストレーション◉祖田雅弘
本文デザイン・DTP◉桜井勝志
編集◉飯田健之
編集協力◉出口富士子

プレゼンのレシピ 仕事に差がつく! 欧米式プレゼンの手順とテクニック

2017年8月14日　第1版第1刷

著　者　野中アンディ
発行者　後藤高志
発行所　株式会社 廣済堂出版
〒101-0052　東京都千代田区神田小川町2-3-13　M&Cビル7F
電話　03-6703-0964(編集)
03-6703-0962(販売)
FAX　03-6703-0963(販売)
振替　00180-0-164137
URL　http://www.kosaido-pub.co.jp

印刷所
製本所　株式会社 廣済堂

ISBN 978-4-331-52114-4　C0095